# 子どものトラブルをどう解きほぐすか

宮崎久雄 著

高文研

## ◆——はじめに

「学級崩壊」という言葉が日常語になりました。

「担任を変えろ」という親の要求で、教頭先生が担任をしている、などということが起こってきています。困り果てた教師が身体をこわし、通院したり、なかには退職してしまった教師も出てきました。

子どもの「荒れ」や、「いじめ」の問題、「不登校」も大きな課題です。

これらの問題の根っこの部分に迫りつつ、子どもや親とどのように接することで解決への糸口を見つけることが出来るのかを考え、次のように整理してみました。

第一は、子ども自身が自分の内部にトラブルを抱え、困惑しているのではないかということです。子どもは困ったときに、自分でも自分をコントロールできなくなってしまい、奇声を発するなど、パニックを起こしてしまうのです。

ですから、教師はそんなトラブルに付き合いながら、からみ合った糸を子どもと一緒に根気よくほぐしていきます。子どもはそんな行動を通して、やがては自分で、からまった感情をほぐしていくことが出来るように成長していきます。

第二は、トラブルを抱えた者どうしが出会いますから、子どもと子どもとの「関係」がトラブルになってしまいます。この「関係」がトラブルになるのは子どもだけではなく、子どもと教師の間でも起こります。特に子どもと教師との間でのトラブルを、「学級崩壊」と名付けているのではないかとも考えています。

この「関係」のトラブルを、子どもたちの「対等平等の関係」づくりへの模索に結びつけ、自分たちの社会を自分たちの願いにもとづいてつくっていくという行動へ導くことによって、新しい「関係」をつくり出します。その行動を通して、子どもは自分を見つめ、友だちを再発見し、自治することを学び、社会的にも少しずつ自立していくでしょう。

こんな見通しを抱いて、私は子どものトラブルに付き合い、どう解きほぐすか、その切り口を見つけながら実践をすすめてきました。子どもと共に悩み、泣き、笑った、ここ数年の実践です。子どものトラブルで悩んでいる人たちに、少しでも役に立ってくれれば幸いです。

なお、ここに登場してくる子どもたちは、すべて仮名であることを、あらかじめお断りしておきます。

## もくじ

装丁・商業デザインセンター　松田礼一
本文各章とびら写真　宮崎久雄

# 1章　人を裂く言葉・つなぐ言葉

子どもたちの姿は年々孤立・孤独化の方向に動いているようです。原因はさまざまに分析されていますが、私たち教師や親に求められるのは、分析と同時に、どうしたらよいのかという実践的な指針です。

孤立・孤独化を促進する言葉や行動をキャッチするアンテナは、予想以上に高いのに対して、連帯する言葉や行動をキャッチするアンテナはないのではないかと思われるほど低いのです。実践的には、まず教師がキャッチし、それを子どもたちに具体的に提示しながら、子どもたちのものにするという方向を探ってみました。

### ❄そんなのとべねえのかよ

一年生を担任したときのことです。入学して間もない一年生の初めての体育の授業でした。校庭に集まった子どもたちに、

「先生の後についておいで」

と呼びかけ、子どもたちの先頭にたって走りだしました。子どもたちは喜んでついてきました。

準備体操のつもりで、鉄棒にぶらさがったり、電信柱を平均台にした物を渡ったりと、変化のあるコースをとりました。校庭の隅に古タイヤを並べたところがあります。私は走っていき古タイヤを跳び越えました。子どもたちも次々に跳んできました。私は近くに立って、みんなが跳ぶのを待っていました。

その時、ちょっとしたタイミングの取り方が悪くてつっかかってしまった子がいました。美妃でした。あ、と思ったとき、私のすぐ後について来ていた亨が、

「そんなの跳べねえのかよう」

と言ってしまったのです。

「うわーん」

美妃は大きな口を開け、身体全体で泣きだしてしまいました。

「そんな、跳べなくたっていいんだよ」

と一生懸命になだめるのですが、美妃の泣き声はちっとも衰えません。

子どもたちもいろいろと声をかけるのですが、だめでした。

私も子どもたちも、どうしてよいやらわかりませんでした。子どもたちの多くはだんだん遊び始めてしまいました。私は困り果ててしまいました。

「美妃ちゃん、悪いけど、ちょっとここで待ってて」

私は他の子どもたちをつれて、校庭を少し走り回ってきました。

時間はあっという間に過ぎて、体育の時間は終わりました。私が美妃のところに駆けていくと、まだ泣いていました。そこで再び、

「もういいよ。これからいっぱい練習しようね」

などとなだめるのですが、全く効き目がありませんでした。

手を引いて、教室に戻ろうとすると、

「おんぶ」

と言うので、おんぶしてやると、やっと泣き止んでくれました。何だ、おんぶならもっと早くやってあげればよかったなと思いながらもほっとして、教室に戻りました。


帰りの会の時にも、悲しそうな顔はそのままでした。私は話しだしました。

「ねえ、美妃ちゃんがこんなに悲しそうな顔をしているの、なぜだか分かる?」

「分かるよ。亨君が、こんなのとべねえのかって言ったからだよ」

「うん、その通りなんだ。美妃ちゃんもつらかったよね」

美妃は深くうなずきました。亨は、まずいことになったというような顔をしていました。私は続けました。

「あの時、『亨君、そんなこと言ったらかわいそうでしょう』と言ってくれた子がいたんだよ。みんな、そう言われたらどうですか」

「うれしいよ」

「そう、うれしいよね。美妃ちゃんの味方だもんね」

「ところで、そう言ってくれたの誰だか知ってるかい」

子どもたちは誰だろうと周りを見回していました。

「その子は、恵ちゃんです」

子どもたちの視線を集めて恵ちゃんはにこにこしていました。

「実は、あと二人、同じことを言ってくれた子がいたんだよ。幸ちゃんと美佐ちゃんだよ」

ワア、と声が上がりました。二人も嬉しそうにしていました。

「美妃ちゃん、嬉しいでしょう。三人も味方してくれたんだよ。それから、もう一人、すごいこと言ってくれた子がいたんだ」

子どもたちを見回すと、誰かなという期待でいっぱいでした。

「ぼく？」

と自分を指さす子もいました。

「残念ながら、君ではなかったんだ」

みんな大笑いになりました。美妃もやっと笑顔を見せてくれました。

「実は、吉孝君です」

吉孝の顔がぱっと輝きました。

「実はね、吉孝君は、ぼくが後で教えてあげるね、って言ってくれたんだよ」

吉孝はしきりにくびをひねっていました。もう忘れてしまったようでした。

「美妃ちゃん、よかったねえ。一日でこんなにたくさんの、四人もお友達が出来ちゃったんだよ。よかったね」

美妃は笑顔で応えてくれました。

「では、みなさん、このやさしい四人と、元気を出した美妃ちゃんに大きな拍手を贈ってあげましょう」

みんなの大きな拍手でやっと元気になった美妃は、四人と共に帰っていきました。

美妃は、「こんなの跳べねえのかよ」という、友達との関係を引き裂き、分裂させる言葉に敏感に反応し、大きな声で泣くという形で抗議したのです。しかし、悲しみは癒されませんでした。

そして一方、すぐその後につづいた友だちの「そんなこと言ったらかわいそうでしょう」という連帯を伝える言葉や、「後で教えてあげるよ」という励ましの言葉は、美妃にはキャッチできなかったのです。帰りの会でその事実を伝えることにより、やっと笑顔を見せてくれたのでした。

友だちとの心の交流が出来たときには、子どもの心は癒され、笑顔が戻ります。しかし子どもたちの現実は、分断・孤立をふかめる言葉はすぐにキャッチできますし、時には、陰で言う悪口さえキャッチするのですが、連帯・友情を深める言葉は聞こえても心には響いてこないというくらい、キャッチするアンテナが低いのです。私たちの仕事として、この友情・連帯という人をつなぐ言葉や行動をとらえるアンテナを高く大きく育てていくことの必要を感じました。

そして、当面は教師の捉えた事実を伝えることが中心になるので、教師のアンテナの高さが問われるという実践展開になってくるのでした。

## ❄先生だけだね、手伝わないのは

この後も同じように、教師が捉えた事実を子どもたちに伝えながら、アンテナを高くするようにしていきました。

ある日のことでした。幸子が吐いてしまったのです。子どもたちは大騒ぎをしながら、遠巻きにしていました。私は急いで拭き始めました。

「誰だって、気持ちが悪いときは吐くんだよ。汚いけど、拭いてあげるんだよ。幸ちゃん、吐いて気持ち悪くて拭けないんだから。分かるね」

拭きながら、子どもたちのパニックを押さえ、幸子への意地悪を言わないように押さえました。そのとき、均がポケットからティッシュを出して、一枚を抜き出し、差し出してくれたのです。遠くから手をいっぱいに伸ばして。

その日は、均のやさしい気持ちを再現して、均のやさしい気持ちをみんなで共有しました。均は照れながらも嬉しそうにしていました。

この日は、教師が一番親切であった、ということを強調しました。子どもたちからは、「大人だもん、当たり前だよ」と反論もありましたが、

「先生だって、やさしくしたんだから、みんなに認めてほしい」

と頑張ってみました。

同じように、牛乳をこぼした時にも、どんな行動をするのかを見せていきました。

その後は、牛乳がこぼれるとみんなで雑巾を持ってきて拭くのが当たり前になっていったのでした。

ある時、私が、そんな姿を満足した気持ちで見ていると、恵がやって来ました。雑巾を持ってにこにこしながら、

「先生だけだね、手伝わないのは」

と言われてしまいました。

### ❄亨君、意地悪な子だね

しかし、こうした指導には思わぬ落とし穴がありました。

ある日のことでした。俊君が国語の教科書を拾い読みしていると、他の子が読み方を教えました。その時、亨が、

「教えるな」

と叫びました。

「え、どうして！　なぜ教えてはいけないの？」

わたしは、びっくりして聞きました。

「教えちゃ駄目なの」

「だから、どうして？」

「だって、教えたら、ずるいから」

というのです。

俊は、机に顔をつけて泣いてしまいました。私は、

「勉強は、教えてもいいんだよ。教えてもらうから、だんだん読めるようになるんだよ」

と話しましたが、そんな理論は伝わらないようでした。

ここで、教える親切な人と、教えない意地悪な人という対比で、子どもたちに連帯のアンテナを高くさせようと指導しました。

その日の放課後、

「亨君、意地悪な子だね」

と美佐が言いに来ました。私はあわてて、

「えっ、そんなことないよ。亨君はいい子だよ」

と言いました。

しかしよく考えてみると、亨は正直にものを言ったり、感じた通りを口にしたりするので、いつの間にか「悪役」になってしまっていたのです。タイヤとびの時もそうでした。ですから、私の指導が、いつの間にか「悪役」をつくってしまったと感じました。

私は、意地悪な子やおっちょこちょいの子など、さまざまな子が集まってきて、喧嘩や、すれ違いやと、さまざまな出会いを繰り広げながら、その子なりに成長していく空間が学校だと考えています。亨は亨なりの生活をのびのびすることを通して亨なりに成長していってほしい、それが亨の学ぶ権利でもあるんだ、と考えていましたから、美佐のつぶやきにショックを受けたのです。

### ❆亨の名誉挽回

さっそく、亨の名誉挽回を考えました。

亨は身体がよく動き、ボール遊びも大好きでした。そこで、隣のクラスとドッジボールの試合をしよう、そうすれば亨の活躍が子どもたちに見えるし、そのことを通して、すごく頑張る子だという面も見えてくるだろうと思ったのです。

さっそく隣のクラスの先生にお願いすると、快く引き受けてくれました。まだルールも分からないような子どもたちでしたが、

「隣のクラスと、ドッジボールの試合をやろう」

と持ちかけると、「おもしろそう」「やろうよ」と乗り気でした。亨も、「ぼく、キャプテンやりたい」と大張り切りでした。


結果は、亨の大活躍で大差で勝ちました。とにかく、勝ったということだけで大はしゃぎでした。教室に戻って、

「今日は亨君のおかげで勝つことができました。亨君に拍手!」

と言うと、大きな拍手が起こりました。亨のにこにこ顔が何とも可愛く感じられました。

すると、どうでしょう、その次の時間、亨は俊の隣に行って、一緒に国語の教科書を読んでいるではありませんか。俊も嬉しそうに練習に励みました。

このあとの指導?　もちろん、いつものようにしました。

# 2章　ジャンケン民主主義

社会は契約によって成り立ち、公や共の世界を形成していきます。その公の世界で生きていくこと、さらに、民主主義的に生活することを教える課題があります。一年生に、民主主義を教えるという課題をどのように具体化できるだろうかと考えました。「民主主義は……」と言葉で教えても理解できないでしょう。原則は自分の経験を通して理解し、身につけていくものであろうと考えました。

## ❄先生、一緒に給食をたべよう

引き続き、一年生の学級の話です。

操が、

「先生、一緒に食べよう」

と、給食のときに声をかけてくれました。

「いいよ」

操がいる二班に行って一緒に給食を食べはじめました。

目ざとく見つけた四班の洋輔は、

「先生ずるい。ぼくも一緒に食べたい」

と言いました。

「いいよ。では明日ね」


翌日、洋輔のいる四班で給食を食べ始めました。

「ずるい」

三班の亨が言います。

「明日はぼくたちと食べてね」

私は、

「いいよ」

軽く受けておきました。一班の崇と恵も、

「私たちと一緒に食べて」

と迫ってきました。私は、

「いいよ」

と応じました。

翌日は、案の定、言い合いが始まりました。

「一班に来てくれるって言ったもん」

「三班に来て食べるって言ったんだよ」

言い合いは続きます。そんな中で、恵は、

「先生が悪いんだよ。きちんとしないから」

と問題の本質をついてきました。

「そうか、先生が悪かったね」

「そうだよ」

亨も口を尖らせています。

「では、先生から」

一瞬、シーンとなりました。

「順番に食べるというのは、どうですか」

子どもたちは、

「そんならいいよ」

と、すぐにニコニコ顔になりました。

「では、一班から順番にいきます。ですから、今日は一班です」

「ずるい、そんなのずるいよ。三班からだよ。そんなのずるい」

「いいじゃない。一班から順番なんだから」

一班の子は喜びました。四班の洋輔は、

「絶対駄目だよ。四班からだよ」

と割って入りました。

こうして話していると、子どもたちの真剣さが恐いくらいでした。どうにか良い解決策を示さないと、子どもたちは話し合いを嫌なものだと思うに違いありません。ここは教師の出番です。

「では、ジャンケンで決めよう。どう？」

子どもたちはジャンケンには慣れていますので、

「いいよ」

今まで尖っていた顔が和らぎます。

「では、班長さん来てください」

大きな声でジャンケンが始まります。自分の班の班長を大声で応援する子も出てきました。大騒ぎのなかで、どうにか順番が決まりました。

### ❄先生、私と一緒に食べて

三班で一緒に食べるときでした。亨の隣に教師用の給食が準備されていました。私は、「今日は三班だね。よろしく」

と一緒に食べ始めました。

一回りして、再び三班になったときにも亨の隣でした。私はそんなに意識しないでいました。

ところが三度目のことです。典子が、

「先生、私と一緒に食べて」

と言ってきました。

「いいよ、今日は三班だから一緒に食べようね」

と返事をして三班に行くと、この日も亨の隣に給食が準備されていました。亨がいつでも準備してくれていたのです。

「さあ食べよう」

と、食べようとすると、典子が、

「先生、私と食べてくれるって言ったでしょう」

私は袖を引っ張られましたが、どういうことかまだ分かっていませんでした。

「だって、一緒に食べているじゃないか」

と、言いました。

「私の隣で食べて」

と言われて、はっとしました。そうか、典子にとって一緒に食べるということは隣で食べるということだったのかと初めて分かりました。

「それは悪かったね。では、隣で食べるよ」

給食を移動しようとすると、

「だめ、ずるいよ」

今度は亨が怒り出しました。なるほど一年生にとって隣かどうかは大きな違いなんだ、と改めて思いました。

「では、どうしたらいいですか」

と問いかけると、亨が、

「話し合い」

と元気に応じました。

「そうだね、話し合いならいいかな」

「ノンちゃんはいやだ」

典子は話し合いを拒否しました。私は民主主義とは話し合いによって決めるものという意識があったので、戸惑いながら、

「では、ほかの人は?」

均も、藍子も、亨以外はみんな話し合いはいやだと拒否したのです。これにはショックでした。私は、よくわからない世界だな、どうしたらいいいんだろうと思いました。


後で分かったことですが、こんなことがあったそうです。三班の順番の時は亨がいつでも教師の分を準備していました。そして自分の隣に置いたのです。典子が自分の隣に来てほしいので準備しようとしたときも、

「何だよ、オレが準備するの」

「ずるい、ノンちゃんだってやりたい」

「だめ、オレがやるの」

そう言われて、しぶしぶ我慢したのです。

### ❄話し合いよりジャンケンがいい

「では、ノンちゃんはどうしたいの？」

「ノンちゃんはね、ジャンケンがいいの」

「なるほど、ジャンケンね」

「ほかの人は？」

「ぼくも、ジャンケンの方がいいな」

均が控えめに言います。

「私も」

藍子も言います。亨は、おかしいなという顔をしていました。そして、

「なんで、話し合いでいいじゃん」

と強く言いました。すると、他の子は黙って下を向いてしまったのです。

私は、初めて子どもたちが話し合いを拒否した理由が分かりました。大げさに言えば、

話し合いが成立するためには、自由に自分の思いを言葉にし、交換できることと、何よりも言論の自由が保障されていることが必要なんだということではないでしょうか。ところが、亨に対しては十分言葉で対抗できないし、ましてや言論の自由も保障されてはいないということを、子どもたちは肌で感じていたから話し合いを拒否したのでしょう。

さて、そうであるなら、亨を納得させなければ前に進みません。

「亨君の言うことが良い方法だと先生は思うんだけど、でも、ほかの人がジャンケンがいいというので、どうかね、我慢してジャンケンにしてみようか」

「うん、ま、いいよ」

亨も、教師がそう言うのならと賛成してくれました。

自己主張をしあうところから、こうした合意へ導くには、教師の関与が求められます。

輪になって大きな声で

「ジャンケンポイ」

力が入っています。

「勝った！」

勝ち名乗りを上げたのは均でした。典子は、自分の机のところで泣きそうな顔をしていました。均はどうしたものか迷いながら、

「ぼく、いいよ、ノンちゃんがさ、いちばん先生と食べたかったんだから、ノンちゃんと食べていい」

均の優しさに感激してしまいました。

「本当にいいの?」

均は自分も泣きそうになりながらもコックリと頷きました。

「駄目だよ。そんなの、ずるいよ」

亨が文句を言います。

「いいじゃない、均君がいいって言うんだから」

藍子が加勢します。

「駄目だよ、そんなら、ぼくに譲ってよ」

「そんなこと言ったって、亨君の隣で先生は食べたじゃない」

「だって、今日はジャンケンで決めたんだから関係ないよ」

私は、またまた困ってしまいました。どちらの言い分もその通りだと思ったからです。

その時、典子が、

「私、いいよ。均君の隣で食べて」

と言って泣いてしまいました。私は典子がかわいそうで仕方がありませんでした。しかし、言いました。

「じゃ、均君の隣で食べるよ。みんなで決めたジャンケンで決まったんだから。ノンちゃん我慢してね」

典子は泣きながら頷きました。

### ❄ノンちゃん、がまんだ

ジャンケン民主主義はしかし皮肉なことにもなります。次もその次も亨が続けて勝ってしまったのです。決して亨が悪いわけではありません。偶然なのです。亨も、

「あ、また勝っちゃった」

と、嬉しいのでしょうが、困ったような顔をしました。亨の人の良さを感じました。

典子は、

「ワーン」

と大声で泣きだしてしまいました。給食を配る配膳台の所で泣いています。いただきますのあいさつをしても泣いています。

「我慢して、給食食べよう」

典子は首を横に振るだけで、泣き止みません。

私はこの間のこともあり、かわいそうだから今日は典子の隣で食べてあげたいと思いました。そういう思いやりを育てることも大事ではないかと考えました。

同時に、典子がジャンケンという約束事で決定したことを、決定した通りに実行するということは、約束の世界というか公の世界に入って生活を始めるということでもあるので、そこに本格的に入ってほしいという願いもあり、迷っていました。

そのとき、

「ノンちゃん、ずるい」

「泣いたからって、ジャンケンで決めたんだろう」

という声が、他の班の子から聞こえてきました。そうか、ここでは他の班の子も含めて、クラスの子どもたち全員の目が注がれているんだと思いました。クラスの子どもたちは、ジャンケンという契約を守って行動せよと主張しているのだと思いました。

私は、後者の考え、すなわちジャンケンで決定したかぎり、決定には従う力を育てるということでここを乗り切ろうと考えました。

典子が、私は先生の隣で食べたいという気持ちと、でもジャンケンに負けたんだから我慢しなくちゃいけないという理性との間で揺れ、それでも理性で立ち上がることが出来るであろうか。心配ですが、ここでかけてみようと思いました。

第一回目のジャンケンの時には泣きながらでしたが、どうにか我慢したので、全く不可能ではありません。

そんなことを考えていると、激しく泣いていた典子の姿が見えません。目で探すと、典子は配膳台の所にしゃがみこんでしくしくと泣いていました。

そのうちに廊下に出てしまいました。みんなは静かに給食を食べています。

恵が廊下に出ていって、しばらくすると戻ってきました。私の所へ来て、

「先生、ノンちゃんね、まだ入らないって」

と耳打ちしてくれました。

「ありがとう」

恵は小さく手を振って自分の席に着きました。みんなはさらに静かに食べています。

しばらくすると、吉孝が廊下に出ていきました。教室に戻ると、

「もうちょっといるって」

と耳打ちしてくれました。

「ありがとう、心配してくれて」

子どもたちのこうした動きは本当に有り難いものでした。

さらに何分かたちました。典子は黙って静かに入ってくると、席に着き、黙って給食を食べ始めました。

「ノンちゃん、よく我慢したね」

私は心の中で何度も言いました。典子は自分との闘いに勝ったのです。

**※順番の方がいい**

私は、典子の勝利のお祝いをしたいと思いました。そこで、給食を食べ終わったとき、みんなに言いました。

「ねえ、みんな、ノンちゃん泣いてたけど、ちゃんとジャンケンの約束を守れたよ。偉かったね」

子どもたちは大きな拍手を贈ってくれました。

「そこで、ジャンケンというのは、いいんだけど、なかなかノンちゃんの隣で先生は食べられません。どうしたらいいのか、誰か良い知恵はありませんか」

子どもたちの手がいっぱいあがりました。恵を指すと、

「順番にすればいいんだよ」

「ほかには？」

「同じ」

という声がいっぱいでした。

「どうもありがとう。順番という方法があるんだね。三班の人はどうするかな。決めるのは三班に任せるよ。みんなは見ていてください」

三班は、円くなって相談を始めます。

「みんなは順番という方法があるというけどどうかな、均君はどう」

均は
「ぼく、順番でいいよ」

藍子も亮も賛成しました。

「ノンちゃんは」

私は典子に聞きました。

「ノンちゃんも順番でいい」

まわりで見ていた子たちが、

「わーい」

と歓声をあげました。


ふー、一件落着と思ったとき、藍子が言いました。

「誰の隣から始めるんですか」

うーん、これにはびっくりしました。その通りです。

「では、誰の隣からかな」

「ノンちゃんでいいよ」

均です。そしたら亨も、

「そうだよな、ノンちゃんからがいいよ」

ということで、典子から始めることになりました。
典子はやっと笑顔を見せました。

# 3章　子どもはトラブルの中で成長する

パニックを起こしたり、友だちにちょっかいを出したりして、常にトラブルの中心にいる子がいます。トラブルを起こすことがその子の生き方ですから、トラブルを封じてしまったら、成長できません。ですから、トラブルの中で自分を見つめ、トラブルを通して仲間との関係を修正するように導いていくことが大切です。

クラスのみんなも、仲間として一緒に生活するなかで、その子への理解を深めながら、自分自身をみつめていきます。

## ❄「いやだ」とのたたかい

一年生の時は女の先生。クラス替えがないまま担任が変わり、男の先生になりました。そして、クラス編成替えが行なわれて三年生になり、私が担任することになりました。

潤は「指導困難な子」とされていました。

家庭訪問のとき、お母さんは、

「社会性がないと二年生の時の先生に言われたので、教育相談へ通っています」と話していました。潤もお母さんも、前の担任の先生に信頼を寄せていました。

さて、実際に担任してみると、可愛い子で、いろいろなことに興味を持ち、なんでもやりたがりやの子でした。給食の時にはすごい食欲で、よく食べ、

「一番！」

と言いながら、にこにこ顔でおかわりをしていました。口にはまだ食べ物がいっぱいです。おかわりをしながらくしゃみが出そうになると、平気で大きなくしゃみをしていました。これではあとからおかわりは出来ないやと思いましたが、子どもたちは平気でどんどんおかわりをしていました。子どもたちは気にしていないんだなと思いました。

「潤、まだ口の中に食べ物が入っているよ。飲み込んでから」

という声に、あわてて飲み込むようになるまでには、何ヵ月かを要しました。

授業も算数は好きですが、国語の漢字の練習になると、「やだ」と大声で言うのでした。ほっておくと、そろそろと始めることもありましたが、これでは気持ちの良い対人関係を結ぶことができないと思いました。出来ないなら要求し、出来るようにしてあげることが教育であると考えました。そこで、

「嫌だといってはいけません。学校は、いやなことやつらいことでも、子どもにとって必要なことをさせるところです。気が合わない人とか、考え方が違う人とかいても、そうい

う人と力を合わせて生活することを勉強するために学校に来ているんです。ですから、嫌だと言ってはいけません」

と、要求しました。しかし、そんな一言で改まるほど単純ではありませんでした。私は、こうなったら何度でも対決していくしかないと考えました。

それでも、一週間ほどすると、今度は、

「あだー」

と言い出しました。

「こら、また言う」

「言ってない」

「言った」

「言ってない。あだーって言ったんだもん」

「あだーも同じなの」

それでもしばらくは「あだー」で応戦しました。しばらくすると、

「いやじゃー」

と言い、さらに、

「ブラジャー」

と言うのには、さすがに笑ってしまいました。

根負けしたのか、そのうちに言わなくなりました。やはり根気強く続けることが大事であり、要求することが大事なことだと、この時は思っていました。

### ❄ちょっかいを出す癖

集会の時でした。前の子のシャツの模様が気になるのか、指で突っついています。前の子は体で拒否反応をしますが、かまわず続けます。突つかれた子も何度目かに、

「やめろよ」

と抗議をしました。それでもやめません。結局は、前の子が怒ってつかみ合いのじゃれあいになってしまいました。

じゃれあいは多くの場合失敗します。というのは、だんだん力が入り、

「ぶったー」

「おまえが先にぶったからだ」

と、喧嘩に発展することが多いのです。相手が女の子であったり、弱い子であったりする

と、多くの場合泣いてしまい、

「潤がぶった」

ということになります。

「潤が、また泣かした」

とみんなは非難します。潤は決まって、

「先にぶってきたからだもん」

と口を尖らせます。たしかに、ぶってきたのは相手ですが、そこへ至るちょっかいは潤の方から出すことがほとんどでした。


よく見ると、このちょっかいを出してふざけるという行動は潤に特有のことではなく、ほとんどの男の子に共通している行動パターンでした。


教師の私に用事があるときにも、近くへ来てチョンチョンと肩を突ついて私がそちらを向くのを待って、

「先生、あのね」

と話し出されるのには閉口しました。言葉で言ってほしいよと思い、ついに、

「もう先生を突つくことはやめてください。用事があるなら『先生』と呼びかけてください」

と言ってしまいました。

お互いの気持ちの良い付き合い方を学んでほしいものだと感じながらも、どうしたものか迷っていました。

そして、そんなときには遊びが一番と考えました。

「網ほっぽった」は鬼ごっこですが、とても喜びました。

「ガチョン」は、手をつなぐことが入ってくる鬼ごっこで、これも結構楽しんでいました。

「すっぽんゲットー」はおんぶや相手をひっぱったりという接触があるので、子どもたちは大喜びして遊んでいました。

その他「どろけい」や「赤白黒」などの鬼ごっこを好んでやりました。

ある日のことでした。体育のひとこまで「赤白黒」をやって遊んでいました。ここでひと騒動が起こりました。潤が陣地に入っていると、片岡がつかまえて引っ張ったというのです。潤は大泣きしながら、

「片岡が引っ張った。ぼくは陣地に入っているのに、ずるした」

と言うのです。

「わかった。片岡君には、陣地にいたらつかまえちゃ駄目だよって言ってあげるからね」

「そんなの駄目だ。謝らせろ」

「そんなこと言ったって、こうしてつかまっていないじゃないか。片岡君だって、ちょっとまちがったんだよ」

「そんなことない」

さらに大泣きします。

「潤だって、さっき真友ちゃんをつかまえようと背中に触ったら、真友ちゃんが転んで、いっぱいすりむいたじゃないか。だから、それと同じだよ。真友ちゃんだって、潤がわざとやったんじゃないからと、我慢していたじゃないか。だから、潤も我慢するの」

どうにも伝わりません。潤は、

「わざとだ、そんなことというんなら潤だってわざと引っ張ってやる」

走りだすと、相手陣地にいる子をつかまえて引っ張っています。

「やめなさい。せっかく仲良くなるためにゲームをやっているんだから」

私は、潤を引っ張って校庭の隅にいき、興奮がおさまるのを待つしかありませんでした。

昼休みになると、潤はすっかり機嫌を直して、友だちと遊んでいました。鬼ごっこをしていたのですが、鬼が潤にタッチすると潤も鬼になり友だちを追いかけます。ところがいつのまにかタッチの仕方が悪いと、タッチのしあいになり、ついにたたきあい、蹴飛ばしあいに発展してしまいました。

怒ってしまった潤は教室のとかげがいっぱい入っている水槽（このころ水槽に砂を入れてとかげを飼っていた）を机の上から引きずり落とし、割ってしまいました。

「先生、大変」

という子どもの知らせで教室に行ってみると、潤が興奮しています。子どもたちはとかげをつかまえたり、片付けを始めていました。

「ここまでやったら駄目だ。潤は水槽の持ち主に弁償しなさい」

私は、こうした行為に対しては、責任があることも教えていきたいと思いました。しかし潤は少しも悪いとは思わず、

「だって、潤ばっかりタッチするんだもん、ずるいよ」

とぶつぶつ言っていました。

それにしても、これが日常の行動パターンになっているところが「幼い」と感じさせるのではないかと思いました。

## ❄「かわいそう」コール

潤の給食への〝意欲〟は相変わらずで、多くの子どもたちの認めるところです。

ある日、冷凍の蜜柑が給食に出ました。休みの子もいて三個が余り、早く食べた子からお代わりができることになりました。潤は頑張ってほおばって食べました。

この日は不思議でした。いつも一番の潤が、一番、二番を取られ、蜜柑が最後の一個になってしまったのです。

片岡が、お代わりに出てきました。しかし、彼はとうもろこしをお代わりしましたので、ほっとして潤は再び食べ始めました。

「潤、頑張れ！」

の声も聞こえてきました。こういうところが三年生の愉快なところだと思いました。ついさっきトラブルに巻き込まれていた子も、潤と一緒に喜んだり悲しんだりしていたようで

す。ところが今田が、

「食べ終わった」

と、蜜柑を取ってしまいました。潤のがっかりした顔を見た明日香が、

「かわいそう」

と言い出しました。それをきっかけに、

「かわいそう」

「潤、お代わりできないよ」

と、かわいそうコールが起こりました。

今田は、かわいそうコールの中で身動きができなくなってしまいました。今田の人の良さだと感じました。しかし、今田も食べたいし、ルールに違反しているわけでもありません。

「潤にあげたら」

と声をかけてみましたが、すぐに決断しかねていました。

その時、羽田がさっと蜜柑を取ると、潤の所に持っていってあげてしまいました。潤は大喜びしていました。今田はがっかりしながらも、

「ぼくは、ほかの物をおかわりしよう」

と言って、気持ちを切り替えていました。今田のおかげで、どうにかこの場を気持ち良く乗り切りました。


その直後のことでした。村木が牛乳をお代わりしたいのに二本はお代わりされ、残りは一本になってしまいました。村木がお代わりしたいのも、子どもたちに伝わっていました。

「おれ、飲みたい」

とアピールしながら食べていたからです。

その時です、潤がさっと牛乳ビンを取ると、村木の机に届けて、自分の席に戻ったのです。

「ありがとう」

村木の声に、潤は嬉しそうに笑いながら、お代わりの蜜柑を食べました。

## ❄潤の気持ちも考える

二学期になりました。潤の様子は一学期と少しも変わっていません。何度も対決してきましたが、これまでの指導では潤に響かないことを思い知らされていました。

ただ、一学期に起こった給食の時の「かわいそうコール」と、それに続く潤が牛乳を村木に渡したことが、一つの拠り所かなと感じていました。

図書の時間のことでした。

「五分たったら、本を選んで座っているんだよ。見にいくよ」

と言いました。潤は、

「読みたい本がない」

と言いながら、

「虫の本がない」

と、探していました。班長の浅田が、

「潤、早く座れよ」

と、声をかけました。こうした声かけがあって生活できている面が大きかったのですが、今回は教師の評価を気にしたのでしょうか、

「ウーウー」

と唸りだし、一時間じゅう唸ってしまう結果になってしまいました。

図書の時間が終わると、浅田は怒っていました。潤も唸っていましたから当然ですが、大喧嘩になってしまいました。

二人を呼んで話を聞いたあとに、潤だけを残して話をしました。

「どうして唸っていたの」

「だって、本が見つからなかったんだもん」

「潤は唸っていたけど、潤の気持ちはみんなに伝わったのか?」

黙っています。

「潤のこと、みんなはどう思っていると思う?」

「いやだ」

「そうだよ。うるさくていやな奴だと思ったよ」

黙っています。

「だったら、どうするの?」

「これからはしない」

「それは大事なことだ。迷惑をかけたことでは謝らないの?」

「うん」

「どうして？」

「恥ずかしい」

「謝らないほうが恥ずかしいと思うよ」

「でも恥ずかしい」

こうして、帰りの会で、これからうるさくしないとみんなに約束をしました。謝ることはしませんでした。

翌日の帰りの会で口笛を吹いていた潤に、

「静かにしてください」

と日直が言うのですが、やめません。

「迷惑をかけるの、やめるんじゃないの」

「そうだ、約束したじゃないか」

という声が上がり、潤は口笛をやめました。

そうしたなかでのことでした。夏休みに出した宿題の自由研究の発表会をしようと思いました。発表会と言っても、順番に自分の研究の内容を簡単に紹介する程度で、一人ひとりがどんなことをやってきているのか知り合うという趣旨でした。ですから、教室の後ろのロッカーの上に置いてある自由研究を順番に見ていきます。

「後ろのロッカーの所に集まりなさい」

と、子どもたちを集めました。子どもたちは説明を聞けるようにと、教師を囲む感じに集まりました。そこへ潤が来ました。一番前に立って作品を見ようとします。子どもたちは、

「見えないよ」

「どけよ」

と怒りだしました。さらに、

「あっちに行け！」

と怒鳴る子まで出てきました。

潤はみんなから非難されたものですから廊下へ出てしまい、いつの間にか教室の前の方に行き、机のかげに隠れて悲しみをこらえていました。

潤が邪魔で見えなかったことははっきりしています。そして、今までの私であれば、本当に潤は分からないんだから、と思い、子どもたちと一緒になって、少しはみんなのこと

を考えなさいと説教の一つもしていたことと思います。ところが、そうした今までの指導が潤には通じないということがわかっていましたから、やり方を変えました。

「先生ね、潤君のことを今まで誤解していたように思うんだよ」

「なんで?」

「潤は悪い子だ、だから直せ、と考えていたんだ。みんなもそう思っていたでしょう?」

子どもたちは頷いていました。

「でも、いま、潤は悪い子だったんだろうか。潤は作品を見たいなと思ったんじゃないかな。だから、みんなと同じ気持ちだったんだと思うんだけど、どう思う?」

「同じだと思う」

「そうでしょう。だから、一番よく見えるところに立ったんだよ。でも、みんなから見ると見えなくなっちゃったんだよ。だからみんなは文句を言ったんだけど、でも、潤はみんなの邪魔をしようと思っていたんじゃないんだ。潤もみんなと一緒に見たかったんだ。その気持ちは分かるね。邪魔をしようとしたんじゃないんだよ。いまは、みんなから文句を言われ、悲しくなって、ほら机の陰にいるでしょう」

ここまで話すと、早智がさっと潤の所へ行きました。何人か続いて潤を囲んで、

「潤君、一緒に見ようよ。おいでよ」

と誘ってくれました。潤も誘われて、にこっとすると、一緒に発表会に参加しました。今度は、みんなと同じように座り、最後まで自由研究の発表会を楽しみました。

潤の発表の順番になると恥ずかしそうに、でも、しっかりと発表が出来ました。

「良い子にしよう」は教師と子どもたちの共通した潤への気持ちでしたが、間違いだったなと思いました。潤の気持ちを聞こう、理解しようという気持ちがないと、潤ははね返してしまいます。どんなに従ったかに見えても、それは「従った」だけで、潤と教師、潤と子どもたちとの関係を変えるものにはなっていなかったのです。そんな思いをしながら、発表会は終わったのでした。

翌日、私は潤のことで話をしました。

「潤君のことだけどね。図書の時間、潤君がうるさかったでしょう。潤君はね、自分が読みたい本が見つからなくて悲しかったんだって。それで、悲しいよ、悔しいよと唸っていたんだって。だから、みんなに意地悪をしようとして唸っていたんじゃないんだって。この潤の気持ちだけは分かってほしいんだ」

子どもたちは、

「そう言ってくれたらいいのに」

と言っていました。

潤はいい顔をしていました。

**❄唸ることは我慢することだった**

潤が日直の時でした。学校の都合で帰りの会ができず、日直としての活躍があまりできませんでした。

翌朝、

「今日は潤が日直やる」

と前に出てきました。

「あれ、潤は昨日やったんじゃないの」

「だって、あまりできなかったんだもん」

と不満そうです。

「昨日はごめんね。学校の都合でね。でも、日直は一日ずつと決まっているんだ。だから、悪いけど、我慢してよ」

といいますと、

「ウウ……」

自分の席に戻って、唸りだしました。

「潤、うるさい！」

今田が、声を出しました。

「うるさいけど、ちょっと我慢してよ。潤はね、日直がやりたくてできなかったから、我慢しているんだよ」

私が話している間は、唸るのをやめていました。そして、心持ち声も小さくなりました。それでも唸り続けていましたが、しばらくして唸るのをやめました。

一昨日の図書の時間に唸っていたのも、我慢する姿でした。自分の思い通りの本が見つからない悲しさ悔しさを、自分自身に言い聞かせ、自分を納得させていたのです。

そしてそれは、潤が自分の感情をコントロールしはじめている姿だと感じたとき、この大きな変化を大事にしたいと思いました。

## ❄「貸して」と友だちの所へ

算数の時間のことでした。コンパスを忘れてくると、

「先生、コンパスかして」

とやってきます。

消しゴムを忘れてきたときにも、

「消しゴムかしてね」

とやってくるようになりました。

そんな変化を楽しんでいると、早智の所に借り物にいったり、友だちの力を借りるようになっていました。

理科の時には、色パラフィンを忘れた成増が潤のパラフィンを借りて作っていました。ところが見ると、成増の作品を壊そうとしているではありませんか。

「駄目だよ。人の作品を壊したら」

「だって、ウウウ」

泣きながら、やめようとしません。

「話してごらん。どうしたの」

と、ちょっと強く言いますと、

「だって、潤の使う分がなくなっちゃったんだもん」

と言うのです。どうも、成増の方が作業が早く、潤の持ってきたパラフィンを使ってしまったようです。

「わかった、そんなら、ほかの友だちにもらってあげるから、成増のものは壊すなよ」

と言うと、やっとおさまりました。

「だれか、潤にあげてよ」

と声をかけると、あちこちから、

「いいよ。あげるよ」

と声がかかり、潤は、泣いたことなんかすぐ忘れてにこにこ顔で作業にかかりました。

こうして見ていると、まだまだという思いですが、しかし、友だちと貸したり借りたりできる関係になってきていることが分かり、そうした段階でのトラブルですので大いにトラブって発達してほしいものだと、私は気分よく見ていました。

# 4章　幼児期の子育てから問い直す

いつも机のまわりが落とし物でいっぱいで、身辺整理ができない子がいました。その子の発達の課題を、お母さんと語り合う中で、「けれども」という生き方を獲得していくことが必要であることが分かりました。

では具体的に、どうしたらよいのかと途方に暮れますが、どうにか実践の切り口を見つけて、試行錯誤的ですがやってみました。その結果、お母さんの子育てが大きく変わることにより、大きな転換が起こりました。

**❆机のまわりは落とし物でいっぱい**

鳥原は三年生になりました。前担任から、

「とにかくすごいよ」

という脅かしを受けて、私は覚悟はしていました。

「とにかく、机の回りにはいつもゴミが落ちていて、ジャンパーなどもなくしてしまうんです。そのうえ奇声も発します」

担任になって、一日目から、その言葉がまさにその通りだったことが分かりました。鉛筆に消しゴムくらいならいいのですが、靴下に防災頭巾、ノートと、ありとあらゆるものが落ちているのです。あ、この子が鳥原だ、本当にすごいや、と思いました。

「ほら、落ちているよ。拾わなくちゃ」

と声をかけると、ニコッと笑顔を返してくれました。ところが、全然拾う様子はありません。私も初対面ですから、

「いや、すごい、こんなに落ちてるなんて」

と言いながら、拾ってやりました。

「こんな時は、ありがとうって言うんだよ」

ちょっと照れたような感じでしたが、言葉は出ませんでした。

「鳥原君ね、二年生の時もいっぱい落ちていたよ」

と親切に教えてくれる子もいました。

机の回りがいつも落とし物でいっぱいになっているので、私としても落ち着かなくなってしまいました。

「落とし物だよ。拾いなさい」

やさしく、拾うように促しました。しかし、なかなか動きません。

「ううん、ううん」

と唸っているのですが、行動には結びつきません。

「ほら、拾いなさい」

とちょっと厳しくいうと、困ったような顔をします。本当にめんどうくさそうに大儀そうに拾い始めるのですが、それでも全部拾い上げることはありませんでした。

ときには、私の方が待てずに拾ってやることがありました。拾い終わってほっとして教卓の所にくると、もう鉛筆が落ちているではありませんか。

「あれ、もう落ちてるよ」

がっかりするのでした。

鳥原はそんな思いには無頓着に、机の引き出しを引っぱり出し、何やら玩具にして遊んでいます。そして鉛筆、それから鉛筆箱のほころびに手を入れてしばらく遊びます。

その次には靴下が気になり脱ぎにかかります。脱ぎおわると上履きの部分に興味が移り、しばらく上履きと格闘します。手に触れたものは次から次へと「落とし物」になっていくのです。

いっときも物を持たないで、手わるさをしないでは過ごせないような状態でした。

「教科書を持ってごらん、みんなで読むよ」

と気持ちを教科書に移してみると、いつのまにか教科書を持つ手のなかに何やら入っているのです。

「それは、後でね」

と置かせると、今度は輪ゴムを口から出して遊び始めました。

教師に反発するとか、勉強を嫌がるとかいうことではなくて、何か手に持っていないと不安なのかも知れません。

## ❄お手上げ状態

どんなに、その行動の意味をさぐっても、これといった解決策は見つかりませんでした。やさしく諭しても、一緒に拾ってやっても、怒鳴りつけても、全く効果はありません。

家庭訪問をしました。家は立派なマンションでした。お母さんと話していると、鳥原は隣で、テレビゲームに興じていました。お母さんは、

「ゲームだけは言われなくてもするんです」

と言っていました。

家でも片付けは苦手で、なかなかやらないし、お母さんも困っている様子でした。

困り果てたので、私はしばらく静観するということが必要だと考えました。教師の精神衛生上必要な静観期間です。

そうこうしているうちに、一ヵ月が過ぎ、二ヵ月が過ぎていきました。それでもときどき、

「拾いなさい」

と声をかけたりしますが、嫌な顔をして、めんどうくさそうに拾うのを見ていると、イライラしてくるのです。教師として修業が足りないのかも知れませんが、でも、どうにかしてやりたい、してほしいという気持ちはイライラを生み出すのです。私は本当に覚悟をして、しばらくはほっておくこと、と自分に言い聞かせました。

## ❄お母さんの悩みに共感

そんなある日のことでした。もう帰宅しようと思い、教室の戸締まりに行きました。そしたら鳥原のお母さんが教室に入るところでした。

「おや鳥原さん、どうしました」

「あ、先生」

間が悪そうでしたが、もう仕方がありません。手には、スーパーで買物をしたときにくれるビニールの袋が握られていました。

「実は私、ちょくちょく学校に来ているんです。うちの子、落とし物がひどいでしょう。ですから……」

「そうですか、それは大変でしたね。毎日ですか」

「いえ、一週間に一度くらいですけど、とにかくお手紙なんかも届かないんですよ」

「そうでしたか」

「もう、一年生の時から、放課後に来ていたんです」

「え、そんなに以前からですか」

「ええ」

私は、一緒に落とし物を探しながら、ここしばらく鳥原をほっておいたことが恥ずかしくなり、申しわけなく思いました。こんなに悩み、一生懸命なお母さんの気持ちも考えずに、のんきにしていたもんだと自分を責めました。

## ❄水遊び大好き

六月を迎えていました。学級の懇談会が開かれました。

「先生、学校ではどうですか」

「そうですね、先日習字をやったときのことですが」

と話をしました。


習字が始まって、あっという間に手を墨だらけにしてしまいましてね、その手を私の方に向けてニコニコしているんです。

「汚いから洗っておいで」

と言うと、

「うん」

と言って、洗いに行きました。

しかし、行ったきり、なかなか戻ってきません。行ってみると、流しには墨がいっぱいついていました。困ったなと思いました。流しでは墨がついた筆は洗ってはならないのです。流しが汚れてしまうからです。そこで、

「流しが墨だらけになっちゃったよ。洗ってくれるかな」

「うん」

二つ返事ですぐに取りかかりました。いつもの落とし物を拾うときとは大違いで、喜んでやってくれました。

ところが、今度はいつまでも流し洗いをしていて、教室に戻りません。

「もういいよ」

と言っても、やめようとせず、洋服もびしょびしょにしながら楽しんでいました。流しに水をためて、それが廊下にまであふれていました。

ここまで話すと、お母さんは、

「そうですか」

そのがっかりした顔を見て、何だかかわいそうになってしまい、

「相談する日を持ちましょうか」

と誘いました。ぱっと顔が明るくなり、

「ぜひ、お願いします」

と言うのです。

「つごうのよい日を後で打ち合わせましょう」

ということで、その日は別れました。

**❄お母さんの子育て反省**

三日後、電話をしました。学校の方が話しやすいというので、教室で話し合うことにしました。

「家での様子はどうですか」

「机の上が片付かないので、机の中に仕切りを付けて、消しゴム、三角定規など入れるところを作ってやったのです。でも、なかなかその通りに入れてくれないのです」

お母さんの努力と苦労が伝わってきました。

「母親だからかも知れませんが、男の子はとにかく可愛くて精いっぱい可愛がっているのですが、でも可愛いからいろいろと心配にもなるのです。ですから、ちょっとでも身につけてほしいことをやらせるんですが、それがなかなか出来なくって、待てなくなり、つい口が出てしまうんです。口が出ると次は手も出てしまい、小言を言いながらやってあげてしまうということになってしまうんです」

「それは分かりますね。学校でも、私がイライラして手を出し口を出してしまいますから」

「そうなんですよね。ですから、いつまでたっても何も出来なくって、ときどき奇声を発するんですよ」

「ええ、それは聞いていますが、今のところ学校では奇声は発していませんね」

「そんなことですから、全く自分に自信がなくて、何も出来ないと感じているみたいなんです」

無力感というか自信喪失というか、とにかく全能感が育つ幼児期に自信喪失を育ててしまったということですから、お母さんの口の出しすぎというか小言の言い過ぎというのはかなりあったのかも知れません。それも、可愛いという愛情の証としての気持ちから発しているものですから、子どもにとっては厳しいものであったのでしょう。

お母さんが好きであればあるほど、お母さんの要求に応えようとしますし、それに応えられないとすれば、無力感を感じてもしかたがありません。

それにしても、よく子どものことを分析して分かっているお母さんだな、と感心させられました。

### ❄「だから人間」から「けれども人間」へ

「私の方からは、二つの事実をお話します」と、ゴミを拾うのを嫌がることと、先日の流しの掃除はやめていいと言ってもやめなかったことを話しました。

「それで、この事実をどう見るかということだと思います」

「というと?」

「両方の事実に共通していることは、ゴミ拾いはいやだ、だから、やらない。水遊びは好きだ、だから、流し洗いはする。こう見てくると、気持ちと行動が『だから』という接続詞で結ばれる行動は出来るのです。しかし、ゴミ拾いはいやだ、けれども、拾う。水遊びはおもしろい、けれども、やめる、ということが出来ないのです。言い換えれば、気持ちと行動とが『けれども』という接続詞で結ばれるような行動が出来ないと言えます」

「そうですねえ」

「ですから、どのようにゴミ拾いの技を身につけさせるかというような枝葉の問題ではなく、『けれども』という接続詞で結ばれる行動が出来るような生き方にかかわる根本のところを鍛えていく必要があるのではないかと思うのです」

「そうですよね」

後日聞いて分かるのですが、今まで努力してきたことが枝葉であるかどうかは別として、この「生き方を鍛える」ことにかけてみようとお母さんは考えたのでした。

「では、どんな方法でやったらいいんでしょうか」

「仕事が一番いいのではないでしょうか。お母さんの場合も、今日は疲れたなと感じるときでも、夕食の準備などやるでしょう。仕事というのは、『けれども』ということが鍛えやすいと思うんですよ。それに、仕事はきちんとやらなければ駄目なんです。そこが遊びと違うところだと思うんです。道具の使い方、仕事の仕方、片付け方……と」

「そうですね、やってみます」

お母さんは、本当に困り果てていたので、藁《わら》をもつかむ気持ちでやってみようと思ったということでした。このことも後日聞いて分かったことです。

## ❄まず決意させること

「しかし、やるにあたっては注意事項がいくつか考えられます。第一は、本人が心からやってみようと思い、決意するための準備です。押しつけではなく、本人がやってみようと決意できるよう、例えば誕生日で一歳大きくなったので……というような家族の期待を受けとめる機会が必要です」

「それなら、私の誕生日がちょうど一週間後にありますので、その日をきっかけにやってみます」

「いいですね。まちがっても教師が言ったからなんて言わないでくださいね」

「分かりました」

この準備期間については、長くとってもマイナスにはならない。十分な決意を固める準備が出来ることが成功の鍵であると考えています。というのは、行動の持つ教育力は自分の意志と自分の判断で行動したときに、失敗も成功も人格形成に寄与するものだと考えられるからです。逆に命令されてやったことであれば、「あいつの言うことはまちがってるよ。この通り失敗する」というように、あくまで他人のせいであり、自分には関係ないことになってしまうと考えられるからです。

## ❊催促はしない

「さて、二つ目に注意してほしいことです。催促はしないということです。一回くらい、催促というより気づかせる程度で声をかけるのはいいんですが、それ以上は言わないことです。

なぜそうするかは、極端に言えばやるまで催促し続ける場合を考えてみたらどうでしょうか。それだと、いやでいやで仕方がないのにやらされるという構図になってしまいます。つまり、文句を言われ、いやいややるというのでは、もはや命令による仕事と変わらなくなります。人格形成の面からは、命令に従うという人格ができるだけです」

「それは、難しいですね。私はすぐ声を出してしまいますから。でも、分かります。努力します」

お母さんは真剣に聞いてくれますので、私の方も力が入ってしまいました。

## ❄文句は言わない

「第三は評価のことです。文句は言わないということです。今の状況では失敗することが十分に予想されます」

「はい」

「ですから、文句を言いたくなるでしょう」

「そうですね」

「文句を言うと、子どもは自信をなくすんですよ」

「それが、自信喪失の原因ですか」

「おそらくそうです。ですから、たとえばお風呂当番をサボったようなとき、ああ、今日は汗をかいたからお風呂に入りたかったたな、という一言くらいならいいと思うんです」

私は、自信喪失や奇声を発しているというお母さんの話を聞いていましたので、このことには十分な説明が必要になると思いました。

「あ、失敗しちゃった、次はちゃんとやろう、と思うことが大切なんです。失敗は現実であり、次こそは……と考えるのが理想です。この現実と理想との矛盾を自覚することと、その矛盾が大きくなるというか蓄積されることが、理想に向かって自らを駆り立てていくエネルギーになると思います。その結果が、成長した、となるのではないでしょうか」

「なるほどねえ」

「それなのに、文句を言ったらどうなるでしょうか。初めは、よしこんどこそ、という決意を生みだすでしょうが、それが積み重なると自分を責め始めます。なんてだらしない自分なんだ、どうしてこんなことが出来ないんだと。それがさらに強くなると、自信喪失という、自分は出来ないんだ、馬鹿なんだという絶望的な気持ちになり、理想に向かって努力するエネルギーが、自分は馬鹿で、どうせ努力したって出来ないんだと自分を責めるエネルギーに転化してしまうのではないでしょうか。

さらに進めば、自分を責めることに疲れ果て、今度は自己防衛のために自分を責めるものへの敵意を露わにすることになると考えられます」

「私、責めすぎていたでしょうか」

「気持ちとしては可愛いという気持ちの表現だったと思いますが、子どもにとっては責められていると感じていたかも知れません」

「分かりました。とにかくやってみます」

## ❄奇跡が起きた！

何日かすると、お兄ちゃんと一緒にお風呂掃除を仕事としてやることになった、という連絡が入りました。

そして、一ヵ月ほどが過ぎようとする頃、鳥原の机の回りに変化があらわれてきたのです。落とし物が少なく感じられるようになったのです。

「ね、鳥原君の机の回り、落とし物が少なくなったと思わない？」

「うん、思う」

「鳥原君は落とし物を少なくしようときっと努力しているんだね。すごいねえ」

「ほんと、少なくなった、すごいよ」

「鳥原君の努力に拍手だね」

みんな応援の拍手を贈ってくれました。鳥原もまんざらではない表情をして拍手を受けていました。

しかし、一度出来たからといって、油断はできません。そう思って見守ることにしました。落とし物は七月の一学期の終わりまで、どんどん少なくなっていくのでした。

夏休みあけの九月、またまた落とし物が増えるかもしれないと覚悟をしていましたら、一学期の終わりの状態を保っているのです。三ヵ月続けば定着すると考えていましたので、お母さんに報告しました。

「先生は変わったとおっしゃいますが、本当ですか？　家では全然変わってなくって同じなんですけど」

あまり実感はなかったようです。しかし、着実に変化はありました。ある日、理科のテストをすると百点を取ったのです。

「ぼくねえ、理科は得意なんだ」

と話しにきてくれました。よほど嬉しかったのか、よく話しました。そして、二枚目のテストをしたときにも百点を取り、すっかり自信をつけたようでした。

十一月の授業参観のときに、お父さんが観にきてくれました。その日の夜に電話をすると、お父さんの話では、

「とにかく授業に参加していた、そこが大きな変化だ。分かっているかどうかは別だけど」

と変化を確認して、喜んだという話をしてくれました。

## ❄お母さんが変わった！

一月の初めに電話をして話す機会がありました。

「私、子育てが変わってきました」

「どんなところですか」

「子どもは、尻をたたいて山を登らせてもなかなか登れないのに、回り道してふらふらしながらも確実に登っていくということかしら」

「すごいことを発見しましたね。具体的にはどんなことなんですか」

「例えばですねえ、冬休みに書き初めの宿題が出ましたでしょう。案の定お手本をなくしてしまったのです。友達の所へ借りにやりました。もちろん大人どうしは電話で話しておきましたけど。それで、借りてきたので、すぐに書かせました。書き終わると、『では返していらっしゃい』と返しに行かせたのです」

「それで、どこが変わったのですか」

「今までの私だと、え、大変、とすぐに母親の私が借りにいき、ほら借りてきたから書きなさいと書かせます。書き終わったら、また私が返しに行くのです」

「なるほど、それは大きな変化ですね。子どもが変わったと思ったら、子育てをしているお母さんの方が大きく子育てを変えていたんですね。それにしても、すごいものをつかみましたねえ」

「子育てが、だんだん楽しくなってきて、最近では一緒にお料理を作って楽しんだりしています」

「それまではどうだったんですか」

「子どもといると何だかイライラして、落ち着かないというか、とにかく動かないし、困ることがあったんですよ」

「そうですか。それにしても、よく頑張りましたねえ。鳥原君の顔色も良くなったし、自信も出てきましたよね」

「でもまだ、遅刻をしたりするので……」

「まあ、だれしも弱点はあるものですから、おいおい克服していくでしょう」

　それから一年後、以前の鳥原はみんなの中ではあまり発言をしない子でしたが、最近では、教師の話にちゃちゃを入れたり、話にも加わるようになってきました。お母さんにそ

う話したところ、

「家でも大人の話におかしなちゃちゃを入れてくるので困ることがありますが、でも話に興味を持っていることであるし、自分からかかわろうとしているんだから、と大目に見るようにしているんです。以前は話しかけても聞いているんだかどうかよく分からないような感じがあったことを考えると、大きな成長だと思います」

「そうですか。学校でも同じように考えて、大目に見て好きなことを言わせているんですよ。積極的にかかわって生きていこうとしていることが見えることは、大人にとって嬉しいことだとつくづく感じています。ノートを忘れると、黙って何もしないでいた子であったのに、今では、『先生、紙ちょうだい』と、来るようになったのです。『え、またー』と冷やかしながら、お互いに笑顔をかわしています」

お母さんは、

「いやだわ」

と言いながらも、嬉しそうな笑顔でいっぱいでした。

# 5章 「信頼」が子どもを変える

叱るとか、批判するとかいうことが行なわれますが、その時、理屈を並べ、いかに悪いかとか、いかにまちがっているかを分からせようとしがちです。しかし、大事なことは、「信頼」を伝えることではないでしょうか。

自分が信頼されていると実感したとき、人はその信頼に応えようとするのではないかと思うのです。

### ❊廊下は走らないようにしようという決定

克昌は四年生です。元気者でよく遊びますが、いい加減な所もあり、友達からひんしゅくを買うことがありました。

十二月のある日のことです。子どもたちは自分の判断で良いと思ったことはやろうではないかという動きをつくっていました。

廊下を走って教頭先生に叱られたのをきっかけに、班長会は廊下を走らないようにしようという提案をしました。私は、反対でした。そんなことを班長会の提案でやるものではないと考えたからです。

しかし、子どもたちは全員賛成で私の反対を押し切ったのです。決定してから、廊下の要所要所には調べる係が立ちました。

調べ始めてから二日目のことです。克昌がちょっとした不注意で走ってしまいました。帰りの会では、

「克昌君が走りました」

と報告されました。

「なぜ走ったのですか」

鋭く質問が出されました。克昌は、

「何となく……」

と歯切れが悪いのです。私は、

「もう時間が無いから、五班として、今後どうするかを明日の朝の会に報告してもらうことにしたらどうですか」

とその場をおさめました。

「わかりました。それでは五班は班会議を開いて、今後どうするか話し合ってください」

ということになりました。

## ❄わざと走ったんだよ

放課後、五班は集まりました。班長の梨沙は、

「どうしてくれるのさ、走っちゃって。困るわ」

「そうよ、だから注意してねってあれだけ言ったのに、なに聞いてるのよ」

香織も一緒になって言います。

次から次へのこうした厳しい言葉に、さすがの克昌も困った顔をしていました。そして、

「わざと走ったんだよ」

と、口を尖らせてしまいました。

「なによ、わざとですって！　みんなで走らないようにしようって話し合ったのに、それはひどいわ」

梨沙はかんかんになっています。克昌もふんという顔になりました。

私はこの時、一学期の出来事を思い出していました。

七夕の笹飾りを作ったときのことでした。短冊にそれぞれ自分の願いを書いて吊るしま

した。

その日の放課後、一つずつ願いを読んでみました。すると、

「おにばばあ、しね」

という短冊に出会い、びっくりしてしまいました。克昌のものでした。

たんなるおふざけと考えましたが、しかし半分は本当かもしれないとも考え、悩みました。そして、ひそかに克昌の友達に話を聞いたりする中で、克昌が母親のことをおにばばあと呼んでいることがわかりました。

お母さんと話し合いをもちました。

「実は、このような短冊を書いたのです」

お母さんに見せますと、ショックを受けた様子でした。涙をいっぱいにためた目で、

「克昌は末っ子で、目に入れても痛くないほど可愛がってきたのです。主人ももう、甘やかして甘やかして……。ですから、こんなふうに書かれるなんて、ショックです」

「私も、そのことはよく分かります」

返す言葉がありませんでした。

「しかし、多くの子と接していますと、親の気持ちがちっとも伝わっていなかったり、時

には誤解して受けとめられていたりという事例は結構あるのです。ですから、克昌くんの場合は、お母さんやお父さんの愛情がうるさいとか、煩わしいとかいうような感じに受けとめられているのかも知れませんよ」

「どうしたらいいのでしょうか」

「どうしたらといっても、特効薬があるわけではないですが、人間には言葉があります。言葉ほど正確に気持ちを伝えるものはありませんから、言葉で伝えたらどうでしょうか」

私はここで、自分の子育てで、「すきすき大作戦」で危機を乗り切った経験を話しました。そしたら、

「私も、やってみます。今日帰って、お父さんとも相談してみます」

と決意して帰ったのです。

そして、克昌に対する「すきすき大作戦」が行なわれました。

「克昌が好きだから……」

と何にでも接頭語みたいにつけて言うのです。

作戦は成功しました。その後、お母さんと話したさい、あの時は、

「最後は、お父さんね、言うことがなくなって、克昌が声を出すと、『ああその声がいい

なあ』と言ったんですよ」

大笑いしてしまったのでした。

こんなことが急に思い出され、あの時の教訓をここでも使おうと思い、ここは教師の出番だと思いました。

「ちょっと待ちなさい。いま克昌君が、わざと走ったと言ったけど、本当にそうだと思ったの？　違うでしょう。

克昌君は給食の時も歩き回って困るので　注意をしました。覚えているでしょう。そしたら、椅子を持って歩き回っていたでしょう。たしかに、克昌君が歩き回るのは我慢できないことは認めましょう。しかし、椅子を持って歩くという努力をしていることは認めてあげられるんじゃないの。窮鼠、猫を噛むという言葉があるの知ってると思うけど、克昌君だってみんなにさんざん言われて苦しくなってついつい言っちゃっただけなんだよ。その気持ちを理解してよ」

梨沙も香織も角《つの》を引っ込めて、

「わかったわ」

と素直に聞きました。

### ❆君のために時間をさいているんだよ

「ところで克昌君、君は、みんなが君のことをいじめてやろう、意地悪してやろうと考えていろいろ言っていると感じているのではないだろうね。人間はね、大事な人のためには時間をさくんだよ。いま、香織さんや梨沙さんが君の耳には厳しいことを言ったと思うよ。でも、克昌君なんてどうでもいいやと考えたなら、もうとっくに塾へ行ってるよ。今日は香織さんは塾の日だからね。でも克昌君のために、塾を休んでここに居てくれているんだよ。芳男君だって、外でみんなと遊びたいのに、ここで克昌君のために時間を使っているんだよ」

子どもたちは外を見ました。

「本当だ、遊んでる」

「本当でしょう。克昌君、君の気持ちは分からないではないが、こうして時間を使うということで、君のことを大事にしてくれているということを感じ取ってもらわなければ困るよ。わかるね」

克昌は、深く頷きました。

「では、続きをどうぞ」

私は退きました。

「私ね、克昌君のこと大事な友達だと思うから言うんだけどさ、やっぱり走ったことまずいと思う」

「私も、克昌君のこと友達だと思うから塾休んじゃったけど、みんなで話し合ったことは守るように努力してほしい」

克昌は、うんうんと頷きながら聞き、素直に反応していました。

「では、これからは克昌君は走らないように努力する。私たちも声をかけるということで明日報告していいですか」

梨沙のまとめに、

「いいでーす」

と、みんなが応えていました。

話し合いが無事終わると、どうしたことでしょうか、

「みんなで廊下の掃除しようか」

梨沙の声です。

「いいよ。しよう」

みんなも元気に応え、掃除を始めました。帰り支度を始めていた克昌も、

「おれもやる」

と飛び出していきました。

廊下をきれいにすると、みんな気持ち良い笑顔で帰っていきました。

一方、私は、廊下を走らないということはなかなかきついことだ、一日も早くやめさせたいと考えていました。

**❄子どもが信頼を受けとめたとき**

翌朝、梨沙が職員室にやってきました。

「先生、こんなお手紙もらっちゃったの」

小さな角封筒に、「梨沙班長さま」と書いてあります。

「読んでもいいの?」

「はい」

開いてみると、次のように書いてありました。

梨沙班長さま

昨日はありがとうございました。

ぼくは、みんなから言われて腹が立ちました。でも、ぼくのことすごく大事にしてくれているんだということがよくわかりました。

最後には、ぼくを励ますために、廊下のそうじまでやってくれて。ぼくは本当に、幸せだな、こんないい班に入れてもらえて幸せだなと思いました。これからもよろしくお願いいたします。

安藤克昌

「いいなあ、こんな素敵な手紙をもらって。きっと、家に帰ってみんなのやさしさに感激したんじゃないの。良かったね。これは梨沙の宝物にしな」

梨沙は手紙を受け取ると、嬉しそうに職員室を出ていきました。

私は、廊下の掃除は、克昌を励ますためにやったのかどうか分からないなと思いました。というより、明らかに違うんじゃないかと感じたのです。

しかし、克昌が自分を励ますためにやってくれたんだと感じたことは事実なのです。この事実を作り出したものは何だったのでしょうか。私は、班会議の後半に、「友達だから……」とか「本当に信頼するから……」というような言い方をするようになったことが、克昌のなかにそういう見方を形成したのではないだろうかと思います。

言い方を変えると、みんなが自分のことを信頼しているということ、すなわち、信頼を受けとめたとき、そこにある行為は自分のためにしてくれているというように受けとめられ、さらにその信頼に応えようとする行動が生まれてくるのではないでしょうか。

信頼を受けとめたとき、信頼してくれる人の願いに応えたいというエネルギーがわいてくるのではないでしょうか。

私は、そんな思いをもって梨沙の後ろ姿を見送っていました。

# 6章　突然キレルには　わけがある

普通の子が「突然キレル」と言われていますが、本当でしょうか。人間の感情が突然大きく変化するときには、それなりの必然があると考えられます。

これから述べる内容は、あるお母さんから伺ったものですが、教師の陥りやすい「落とし穴」のようなものなので、ここで紹介することにします。

### ❄いちいちうるせえ

「ちくしょう、いちいちうるせえんだよ」

雅和は持っていた体操着の袋を先生にたたきつけてしまいました。

「何するのよ」

先生は突然のことでびっくりしました。思わず雅和の頬に平手を飛ばしてしまいました。

「いったい、何がうるせえなのよ」

雅和は興奮していて言葉が出てきません。

先生は、雅和を別室に連れていきました。

「ごめんね、ついぶっちゃって」

まずは謝りました。ついカーッとなってぶってしまい、痛い思いをさせてしまったという気持ちと、そしてどのような理由があろうと教師の暴力は体罰として市民から批判されますから、まずは詫びたのです。

その上で、どうして体操着の袋をたたきつけたのか、その裏側にあるものはいったい何だったのか、聞き出そうとしました。

「暴力のことはもういいわ、先生もぶってしまったし……。それよりいったい、何がいちいちうるさいの」

「ぼくがプリントを出すと、きれいに書け、もう一度書きなおしてこいといちいちうるさく言うから、腹が立ったんだ。それに、いつもぼくばっかり注意するんだから」

「それは、君がきれいに書いてこないからだよ。きれいにかける力があると思うから、きれいに書いてって言うんだよ。書けない子であるなら言わないわよ」

「でも、とにかく、ぼくはいやなんだ」

「面倒であることは分かるけど、それは君のためにならないよ。先生は君のためにと思うから、厳しいと思うけど言ってきたんですよ」

「とにかく、いちいちうるさく言うのがいやなんだ、ぼくは」

## ❄めんどくさがり注意される

突然、教師に体操着の袋を投げつけた雅和ですが、四年生になった男の子です。ごく普通の家庭に育ち、普通の四年生になりました。

担任の先生は六月に病気になり、代わりの先生が担任になりました。五十に手が届きそうな感じの熱心な女の先生でした。雅和はけっこう気に入っていました。

夏休みが終わり、九月の半ば頃になったある日、

「今日、先生に注意されちゃった」

お母さんに屈託なく話し始めました。

「どうしたの」

「うん、ぼくがね、プリントを出しにいったら、名前が汚いから、もう少し丁寧に書き直しなさいって言うんだ」

「ふーん。そんならきれいに書きなおせばいいじゃない」

「だけど、めんどくさいじゃないか。だから、もっと変な字で書いていったら、こんなメチャクチャだめって叱られちゃったんだ」

「それでどうしたの？」

「仕方がないから、丁寧に書いて出したんだよ」

「先生が怒るの、当たり前じゃない。あんたはめんどくさがりやなのよ」

「でもさ、めんどうなんだもん」

「そんなのだめよ」

その日は、それで済みました。ところがそのうち、毎日のようにこうしたやりとりが始まったようなのです。先生は熱心に教えてくれて、丁寧に作業をさせようと考え、指導をしてくれるのですが、雅和の方は面倒だという気持ちが大きくなり、先生との関係が次第に悪くなりました。


「もう先生、頭にくるよ。ぼくばっかり注意するんだ。とにかくうるさいんだよ」

「なに言ってるの、あなたがめんどくさがったり、丁寧な作業が出来ないから、出来るようにと一生懸命やってくれているんじゃない。あなたの方がなおすことよ」

「とにかくうるさいんだよ、いちいち、あの先生」

かなり腹をたてている様子なので、お母さんはここで話しても分からないだろうと思い、しばらくほっておくようにしました。

## ❄ため込まれた先生への怒りの気持ち

しかし、一ヵ月ほどたつうちに、雅和の言動はさらにすさんだ感じになってきました。

「もう、本当に頭にくるよ。うるさくって、名前なんか読めればいいんだよ。まったく」

そして、激しく怒りを爆発させるようになってきたのです。先生のことも呼び捨てになりました。

お母さんは心配になり、お父さんに相談しました。

「何だか、最近おかしいのよ。すごく先生のことを攻撃するみたいに言うの」

「先生のこと嫌いなのか」

「うん、好きだったみたいなんだけど、あの子、わがままでしょう、だから、注意されたりなおされたりすることが面倒になり、最近では大嫌いだなんて言っているわ」

「それは困ったもんだ」

「私が話しても聞かないのよ。お父さんから注意してよ」

「うん、話してみるか」

「お願いよ」

「ところで、先生はこのこと分かっているんだろうか」

「分かっていると思うけど、でもどうかしらねえ」

「早めに連絡を取った方がいいんじゃないか」

「そうねえ」

**※担任の先生にお願いに行く**

そう言いながらも一日二日と過ぎていき、十一月、冒頭に紹介したように、ついに爆発してしまったのです。

雅和から話を聞いたお母さんは、びっくりしてすぐに先生に電話を入れお詫びしました。お父さんが帰ってくると、すぐに話しました。雅和にはお父さんから、おまえがやったことは大変なことなんだと話してもらいました。

子どもが寝てから、お父さんとの話が続きました。

「どうしたらいいかしら」

「うん、こんなことになるとは思わなかったね」

「あの子、激しいところがあるから、カーッとなってしまったみたいなの」

「うん、そんな感じだね。でもいい機会だから、先生とも話し合おう。いつ時間を取ってもらえるか、電話で聞いてみよう」

「でも、会って、どんな話をしたらいいのかしら」

「とにかく、先に暴力を使ったのは雅和なんだから、そのことはお詫びしよう。それから、これからどうするかだけど、この間の子どもの事実をお互いに確認することだ。その共通認識があって、初めて共通の見通しを持つことができるだろう」

「それもそうね、でも、先生は突然の暴力にびっくりしたって言ってたから、分かってなかったみたいよ」

「そうだろうな。分かっていたら、こんなふうにはならんだろう。としたら、当面は、この対立状況を回避する知恵を出すことだろう。対立は、先生の注意というか指導から出ているんだから、その指導をやめてもらうことだよ」

「そんなことできるの？　雅和の方がだらしないのに、指導の問題に口出しなんかしたら、気分を害さないかしら」

「それは、十分慎重にお願いすればいいと思うけどな」

ああでもないこうでもないと、話はいつまでも尽きませんでした。

翌日、両親で先生との話し合いに臨みました。まず、父親が口火を切りました。

「子どもが体操着を投げつけるなどということをしてしまい、大変申しわけありませんでした」

「いいえ、私の方こそ、思わずぶってしまって、申しわけありませんでした」

先生の方も、あわてて謝りました。両親が二人して行ったので少し緊張しているようでした。お母さんは、どうしたらわが子のことを分かってもらえるか心配していました。父親の方は、先生の方に体罰という負い目があるようなので、かえって話しやすいと感じていたようです。

母親が話し始めました。

「うちの子はめんどくさがりやなもんですから、先生にはご迷惑ばかりおかけして申しわけありません。実は、九月ごろから、先生のことを、注意ばかりしていやだとか言い出しました。でも、話を聞くと雅和の方がめんどくさがっていることなので、直すように話をしていました。

ところが十月頃になると、さらにすさんできて、先生のことを攻撃するような言い方をしたり、ときには興奮して泣きだしたり、先生のことを呼び捨てにしたりするようになりました。

前後しますが、実はうちの子は、先生のことが大好きなのです。ですから、先生に認められたくて、誉められたくて、先生の言うことをよく聞いていたみたいです。もちろん、今も好きなんです。

ところが、めんどくさいことをやらされる、直させられるという思いがだんだん大きくなってきたように感じています。その思いがいつの間にか、先生のご指導に対する反発みたいになっていったようなんです」

「そうだったんですか。私は全然気がつきませんでした。素直ないい子なのに、作業が雑なので丁寧にやらせたいと思う気持ちで、そのつど指導をしてきたんです」

父親が言いました。

「先生の熱心なご指導に対して、私どもは本当に感謝しております。悪いのは息子の方なんですから」

やはり気付いてはいなかったという思いを持ちながらも、だんだん険しくなってきた子どもの表情や、先生に対する反発、いらだち等について説明をさせてもらいました。最後にお母さんは、

「ですから、当面、先生の方からの注意をやめていただくことはできないでしょうか」

と思いきって頼んでみました。父親も、

「困った息子だと思います。すべて責任は親である私どもが取りますので、先生の方はほんのしばらく見過ごすというか、見てみない振りというか、とにかく責任は私どもが取りますので、静観していただけないものでしょうか。そうすることが、子どもの気持ちのなかにほっとしたものを生み出すのではないかと、素人考えですが思うんですよ」

ここが山場だと思い、一生懸命に話しました。

「分かりました。おっしゃる通りにしてみましょう。私も雅和君のこと大好きなんですから」

と先生も答えてくれました。

「いや、それは有り難いことです」

「先生に好かれているって知ったら、きっと大喜びしますわ」

先生の言葉に深ぶかと頭を下げて帰ってきました。分かってもらえてよかったと話しながら。

## ❄先生にほめられちゃった

その翌日のことでした。

「ただいま！」

いつもと声が違います。

「あら、どうしたの、今日はご機嫌ね」

「ぼくね、先生に誉められちゃったんだ」

「あらすごいじゃない。どんなことで」

「ぼくがね、掃除の時にほうきを持って掃いていたら、あら、雅和君えらいわねえって言ったんだよ」

お母さんは、こんなことで誉めてくれたんだから、先生も努力してくれているんだ、有り難いことだと思う反面、そんなことぐらいしか誉めることがなかったのかもしれないとも感じました。さらに、こんなことぐらいでいい気持ちになるんだから、わが子は単純だ

なと思いました。それでも明るく、

「そうなの、よかったじゃない」

と言うと、

「うん、ぼく、ちょっとおかしいと思うんだ」

「なにが?」

いったい何事かと思いながら聞きました。

「だってね、掃除当番なんだからほうきを持つの当然だよ。それなのに誉めるんだもん」

また先生批判になると困るので、

「そんなことないよ、サボる子だっているんだから、掃除をする子は立派な子だわ」

「ま、いいけどね。今日はやりなおしもなかったし」


夜、父親に話しました。

「そんなことでも声をかけようとしてくれるなんて、誠実ないい先生だねえ」

と感想を言っていました。

翌日も、元気な声で帰ってきました。

「今日も誉められちゃった」

「え、すごいわねえ。どんなことで？」

「今日もね、ほうきを持ったんだよ、そしたら、掃くのが上手だねって」

「ええ？　あんた、家ではほうきなんか持ったことないのにね」

「うん。でもさ、良い気分だよ」

と満足そうでした。

　夜に、父親からも、

「二回も連続で誉められたなんてすごいじゃないか。なかなかないことだよ。先生もよく見ていてくれていい先生だねえ」

と誉められ、さらに気分よさそうにしていました。


　そして、三日目。何も言いませんでした。四日目も先生の悪口は出ませんでした。先生が二回誉めてくださったことと、注意や、やりなおしという指導がなくなったことの成果でした。

　そして、一学期同様、普通に明るく学校へ通うようになりました。両親は先生の努力に心から感謝したとのことでした。

### ❄キレルまでには三ヵ月あった

私は、ここまで話を聞いて、いろいろ考えさせられました。

第一に、子どものキレルという現象はけっして突然ではないということでした。それまでに約三ヵ月に及ぶ期間があったという事実です。

第二に、両親にはそのストレスをため込む過程が見えていたということです。親の立場からは、できるだけ早い時期に教師に相談をするというかたちで知らせ、一緒に子育てについて考える場を持つ必要があります。間違っても、子どもと一緒に教師批判をして、教師と対立するような行動をとるのは無意味であろうと考えます。

第三に、教師には雅和君のイライラや悲しみ、怒りが、三ヵ月間も見えていなかったということです。教師の立場からすると、見えないということを常に自戒しつつ子どもに接する必要を感じます。

第四は、なぜ教師には見えないのかという問題です。実際、教育現場ではこのようなことは日常的にあることですし、けっしてめずらしい出来事ではありません。

雅和君もある時期までは、先生の前では嫌な顔をしないで、先生の指示通りに行動していたのかもしれません。しかし、そうであればあるほど、ストレスは大きくなったことでしょう。

しかし、そう考えると、一つ納得できない事実があります。担任の先生がなぜぶったのかという問題です。体操着の袋を投げつけられて腹は立っても、今まで「よい子」と感じていたなら、反射的にやり返すということは考えにくいのです。むしろ、言うことを聞かなくて教師の方もイライラしていたというのであれば、教師の行動としては理解できるのです。

本当は、教師の善意の「指導」に対して雅和君がイライラし、ストレスとしてため込んでいることも分かっていたのではないでしょうか。ただ、それが、体操着を投げつけるというキレ方に結びつけて理解されていなかったのではないかと考えられます。

# 7章　パニックを起こす子が変わるとき

自分の気に入らないことがあると、プイッとどこかに行ってしまう子がいました。パニックを起こして泣き叫ぶときもありました。そんな子が自分を見つめ、パニックを克服していきました。

その発達の契機と仲間の役割を考えさせられた時のことを報告します。

## ❄教室を飛びだす子

五年生を受け持ったときのことです。社会の勉強でグループを作って作業に取りかかったとたんに、プイッと教室から出ていってしまった子がいました。森田でした。

「あ、どこへ行くんだ」

と思わず声をかけましたが、全く聞こえない様子でした。

「先生、ぼくたちで呼んできます」

「ありがとう。何処へ行ったのかな」

「大丈夫、だいたい分かっていますから」

「そうか、頼むよ」

子どもたちは元気よく迎えに行きました。

二十分くらい待ったでしょうか、子どもたちは森田を連れてきてくれました。

「どうしたの」

「だってさ、あいつら、ぼくの言うことなんか全く無視しているんだもん」

「そうか、それじゃ無理ないよな」

森田のグループのところに行ってみました。他の子どもたちは、仲良く作業をすすめていました。

「森田君がね、無視しているって言うんだけど、どうなの」

「そんなことないよ。森田君がここの所を書くって言ったから、じゃあ、先に上の方を書いたら次ねって言ったんです。そしたら、出ていっちゃったんです」

「違うよ。ぼくが書こうとしたのに、おまえたち勝手に書いていて、無視したんじゃないか」

また出て行きそうになるのを押さえて、

「とにかく、今回は、森田君に先にやらせるわけにはいかないだろうかね」

と、頼んでみました。

「いいですけど、でも、いつもなんですよ」

と渋っていました。

それでも、自分の出番が保障されると森田は作業を始めるのでした。

子どもたちの「いつもなんです」という言葉や、サッと迎えにいってくれた子どもたちの慣れた行動に対して、私は、おかしいなという思いをもちました。

そこで、前担任に話を聞いてみると、

「実は、しょっちゅう飛び出していたんです。それで、だいたい体育館の隅や、屋上への入り口の辺りにいるんですよ」

「学校から外へは出ないんですか」

「うん、今まではありませんでした」

「子どもたちがかなり慣れているように感じたのですが」

「それはね、みんなで迎えに行くことが友情だ、それが森田君を大事にすることになると話して、迎えに行くようにしてきたんですよ」

「なるほど、よく分かりました」

お礼を言って別れました。

子どもたちが迎えに行くのに慣れている理由がよく分かりました。四年生の時から、子どもたちが慣れるほどたびたびパニックを起こしていた様子もうかがえました。

その後も、森田のパニックは同じパターンで起こりました。じぶんの言い分が通らないと、「みんなはぼくのこと無視している。みんな意地悪している」ということで、怒って教室を飛び出すのです。

すると、子どもたちは「それ」とばかりに、連れ戻すための行動に走ります。前担任の指導の徹底ぶりはすごいと思いました。また、子どもたちもやさしい、素直な子たちだなと思いました。

## ❆私が感じた違和感の正体

それでも、私のおかしいなと感じた違和感みたいなものはぬぐえませんでした。この違和感は何なんだろうかと思いました。

それから何日かたったときでした。またまたパニックを起こしました。落ち着いてから話を聞きました。

「今度はどうしたの」

「だってね、ぼくが給食のおかずを配るって言ったらね、昨日やったからずるいって言うんだ」

「ふうん。順番じゃ駄目なんだ」

「だって、そんなの早いもの勝ちでいつもやってんだよ。それなのに、ぼくの時だけは駄目だって言うんだ。みんなずるいよ。いつもぼくばっかりに文句を言うんだから」

「そうか、いつも文句ばかり言われるんだ」

「そうだよ、みんなぼくのこと嫌いなんだよ、きっと」

「そんなことないよ。みんなで迎えに行ってくれるじゃないか」

「そんなの、先生に言われて来るだけで、ぼくのことなんて心配してなんかいない」

「え、そうなの」

「そうさ、みんな馬鹿にしているんだから」

そう言われれば、その通りでした。陰ではみんな馬鹿にしているのが現実でした。また、当然だとも思えました。しょっちゅうパニックを起こし、授業中でも何でも飛び出すのですから、迷惑を受けている子どもたちの自然な感情であると感じたのです。

私は、ここまできて、違和感の正体を見たような感じになりました。子どもたちの行動（親切に呼びに行く）と、感情（陰で馬鹿にする）とのズレが私に違和感を抱かせていたんだと思ったのです。

森田は友達のことを悪く言います。事件のたびに聞くことは、友達があした、こうしたということで、友達のことはよく記憶にもあり、よく見えているのです。しかし、自分のことになると全く主観的になり、客観的に自分の行動が把握できていないということに気づきました。

家庭ではどうしているのかなと、家庭訪問をしてみました。大きな立派な家に住んでいました。自分の部屋もあり、大事に育てられていました。

学校での様子を話すと、

「実は家でも、よくあるんです。仕事をさせようとすると嫌がります。ちょっと、甘やかして育ててしまったかしら。それに、すぐふくれて困るんですよ」

家庭でも学校でも同じような姿を見せて生活しているようでした。

## ❄ひとりで自分を見つめる時間を

数日後、社会の学習の発表をするために、模造紙に大きく書くことになりました。女の子が書き出しました。鉛筆で下書きをしながら書いていると、

「ぼくに書かせて、ぼく好きなんだよ」

「駄目よ、ここは私たちが書くって決めたじゃない。森田君は別のところよ」

「いいじゃないか」

「………」

「何だよ。いつもぼくのいうことなんて聞いてくれないんだから」

教室から出て行ってしまいました。

事実を確認しあい、事実をめぐって理非を争うということが出来るようになるまでは、話し合いは難しいな、まだまだほど遠いぞと感じました。そこに、子どもたちの声が飛び込んできました。

「先生、呼んでくるよ」

走りだしそうになる子どもたちに、

「ちょっと待ってくれないかな」

「え、いいの？」

「いいってわけじゃないんだけど……いまはそっとしておいた方がいいと思うんだよ。泣いているときや、イライラしているときなど、一人で居たいと思うことあるじゃないか。もちろん慰めてくれたり、心配してくれることが嬉しいってことは分かるんだけどね」

「ま、迎えに行かなくていいんなら、その方がいいよ。あいつ面倒ばかりかけるんだから。わがままなんだよ」

「いや、そういう面もあるけど、一人にしてちょっと、自分を見つめる時間をあげたほうがいいと思うんだよ。それに、みんなだって勉強を続けたいでしょう」

子どもたちは、それほどこだわらずに学習の続きに没頭し、仲良く楽しそうにしていました。特に森田のグループはせいせいしたような雰囲気で盛り上がっていました。

### ❄「あいつら」が全部悪い

授業の終わりのチャイムがなると、私は森田を探しに出かけました。あちこち探しましたが見当たりません。やはり迎えに行った方がよかったのかとちょっと焦りを感じました。

「先生、森田君いたよ」

子どもたちが知らせてくれました。なんと、隣の空き教室にいたのです。

「お、いたな。どこに行ってしまったかと思ったよ」

「…………」

「どうしたんだい」

「どうしたって、いつもぼくの言うことは聞いてくれないんだ。無視してさ」

「そんなことないよ」

「そうだよ」

森田は大きな声で反論します。

「じゃ、どうしたのか話してごらんよ」

森田は説明を始めました。

「ぼくが書きたいって言うのに、全然書かせてくれないんだ」

「それで？」

「前に決めたとか何とか言って、ぼくの言うことなんて全く無視するんだ」

「本当に、前に決めたのか？」

「ちょっと話し合ったけど、その時だってぼくの言うことなんて聞いてくれないんだから、あいつら、きたねえよ」

どこまでも、「あいつら」が悪いと主張するのです、そこで、

「森田君はちょこっと、ほんのちょっとも、悪くないの？　全く全部みんなが悪いの？」

と聞いてみました。

「そうだよ、ぼくは全然悪くないよ。ぼくの言うことをいつも聞かない、無視するあいつらが全部悪いんだ」

涙をためて主張しています。

「そうか。そんなら先生から、森田君をもっと大事にするように話してあげることにしよう」

と、その場での話は打ち切りました。

子どもたちは、森田がパニックを起こして飛び出しても迎えに行かなくなりました。森田は迎えが来ないことが分かると、次第に教室の近くに来るようになりました。隣の空き教室の掃除用ロッカーの上に乗っかってうずくまっていることもありました。

子どもたちは、

「下りてこいよ。サルみたいだぞ」

などと遠慮なく声をかけていました。遠慮なくというより、馬鹿にしている感じの方が強いとも感じました。森田は、

「いやだ。下りない」

とごねながら、それでも下りてくるのでした。

私は、森田と二人だけにしてもらい、森田の言い分を聞きました。そして、

「森田君は、全然悪くないの？　ほんのちょっと、ほんのちょっとも悪いところはなかったの？」

と聞きました。森田は

「あいつらが悪いんだよ。ぼくの言うことなんて全然聞いてくれないんだよ。みんなの意見を大事にするなんて言いながら、ぼくの意見なんて大事にされたことなんてないよ」

と、相変わらず「あいつら」批判を繰り広げました。

## ❄ぼくもほんのちょっと悪い

しかし、こうしたことが何度か続いたある日のことでした。森田の中に変化が見られました。それは、掃除当番をめぐって誰がほうきで掃くのをやるかという話をしていた時でした。

雑巾を嫌がった森田が、いつものようにパニックを起こしました。子どもたちはこういう展開になることを半ば予想しているようでもありましたが、しかし、特別扱いはしませんでした。私もその方がよいと思っていました。

パニックを起こした後で、私はいつものように、

「森田君は全然悪くはなかったの？」

と聞きました。

「ううん」

いつものような歯切れの良さがありません。

「どうしたの？」

「ううん」

しばらく悩んでいました。そして、

「ぼくにも、少し悪いところがあったかな」

と言うのです。

「でも、ほんの少し、これっぽっちだよ」

今度は元気に付け足しました。

「そうか、ほんのちょっと、悪いところがあったんだ」

「でも、本当にちょっとだからね」

「分かったよ」


どこがどう悪かったのかまではつめませんでしたが、自分の行動をもう一度思い出して客観的な目で見なおしてみるという作業が、森田の内部で始まっていると感じました。

これは大きな変化です。量的には小さいかも知れませんが、質的には大きな変化です。

私は掃除当番の子どもたちに、この変化を報告しました。

「森田君ね、ほんのちょっとだけど、悪かったって思っているんだって」

「ほんのちょっと? 冗談じゃないよ。あいつが全面的に悪いんだよ。わがままばっかりでさ」

「そうよ。まったく腹が立つ。私は大嫌いよ」

大反撃を受けてしまいました。

「まあ、そう言わずに。気持ちは分かるけどさ、でも、全面的に悪くないって言ってたときからしたら、大きな変化だと思うよ」

残念ながら、子どもたちにはこの思いは伝わりませんでした。それは、私が子どもたちにこうした視点を語ってこなかったということと、子どもたちの森田との関係の蓄積が、こんなちょっとの変化で免罪されるほど簡単ではないということでもあるのだろうと思いました。

## ❄だって先生、恥ずかしい

その後も一進一退で一ヵ月ほどが過ぎました。しかし変化は明らかに現われました。森田は教室から出なくなったのです。そして、さらに一ヵ月も過ぎると、パニックそのものが収まってきたのです。もちろんまだ衝突は起こしますが、パニックにはならなくなったのです。私は聞いてみました。

「どうして最近はパニックを起こさないの?」

森田はニヤッとしましたが、何も答えてはくれませんでした。

卒業するとき、森田は、

「だって先生、恥ずかしいからだよ」

と気持ちを伝えてくれました。

恥ずかしいという言葉は良い言葉だなと思いました。自分がどのように見られているのかということを見る目が育ってきていることを裏付ける言葉でした。彼は自分の目からだけ見るのではなく、自分をも含めて友達や社会を見ることが出来る「客観的な目」を手に入れたのだと思いました。

私は、力を入れて握手をしました。

「いててて」

最高の笑顔を残して巣立っていきました。

# 8章「遊びの世界」を創造する子どもたち

子どもたち一人ひとりの自己主張をしあう関係、ぶつかり合う関係を大事にします。

そういう生活の中から友だちを知り、自分を発見し、友だちへの思いやりを身につけていくことができるようになっていきます。

同時に、楽しい共通の経験は、仲間へ自らを開き、自分たちの生活を自治の世界へと開いていくことであることを発見していきます。

## 1 カーニバル

### ❄歌係から出発

おとなしくて素直な子どもたち。でも、「自主性が足りない」といわれた四年生を担任することになりました。男子十八人、女子十五人です。

前担任の話では、子どもたちのなかに、ピアノがとっても上手な子がいるということなので、歌の係をつくってみんなで歌を歌おうと思いました。

放課後残っていた女の子に話しかけました。

「ピアノが上手な子がいるんだって？」

「うん、いるよ。牧ちゃんだよ」

牧竜夫のことです。

「歌の係をつくって、みんなで歌を歌いたいんだけど、その牧君は歌の係をやって、ピアノを弾いてくれるかなあ」

「やってくれると思うよ。ねえ先生、私もやりたいな」

「それは、一人では出来ないから、何人か協力者がほしいよ」

「じゃ、私もやりたい」

恵美子と麻衣の二人がぜひやりたいというので、これは見通しあるなと思いました。

翌日、恵美子と麻衣が来ました。

「先生、昨日の話ね、牧ちゃん、いいって」

「え、もう話してくれたの。ありがとう」

とんとん拍子で話が進みました。歌係は、

「『みんなの歌』を出してください。では、どの歌がいいかリクエストをしてください」

と指示します。子どもたちは歌の本を広げ、リクエストをします。

「では、今日は『おお牧場はみどり』です」

とリクエストを受け、どんどん進めます。子どもたちは大きな声で歌います。ピアノは確かにすごい腕で、どんな曲でも簡単に弾いてしまうのでした。といっても、教室にあるのはオルガンでしたが。


こうして、何日か平和な日々が続きました。ある日のことでした。子どもたちは『グリングリン』の歌をリクエストして歌い始めました。大きな声で歌っています。ところが途中から、何人かの男の子たちが別の歌詞で歌いました。

「ちゃんと歌ってください」

歌係は指示しました。そして、もう一度歌いました。ところが同じ場所にくると、再び男の子たちが別の歌詞で歌ったのです。どうも替え歌のようです。しかも、喜ぶ顔や、抗議する歌係の様子から、あまり良い替え歌ではないことが分かりました。

私は大きな声で楽しそうに歌っている子どもたちの表情の良さにニコニコしていました。

「もう、いい加減にしてよ」

怒りだしてしまった歌係は、

「先生も注意してください」

私の方に矛先が向いてきました。私はあわてて、

「歌係の指示にしたがって歌ってください」

と言いました。歌係は、

「では、もう一度歌います」

ところがまたまた、替え歌で楽しんじゃったのです。

放課後、歌係は相談です。麻衣も恵美子もかんかんになっていました。
麻衣「もう怒っちゃうよ」
私　「ほんとだよな、腹が立つよ」
私は同意しながらも、
私　「でもさ、あの笑顔はよかったよな」

麻衣「もう、先生はどっちの味方なの」
私「もちろん歌係さ」
麻衣「だったら、しっかり怒ってよ」
恵美子も怒っていました。
恵美子「いつもこうなんだよ、嫌んなっちゃう」
私「みんなの怒りはよくわかるけど、でもさ、厳しく怒って静かになったとしても、声を出さなくなったら困るよね」
麻衣「それはそうだけど……」
私「楽しいんだよ、洋輔たちは。だから、大きな声を出しているんだ」
麻衣「邪魔しているんだよ」
私「いや違う。一番困るのは声を出さないことだよ。でも彼らは大きな声出している。楽しんでいるんだよ」
牧「そうかもしれないな」
私「そうさ。だから、歌係としてはもっと楽しませて、協力してもらっちゃおうよ」
牧「どうするの？」

私　「替え歌を楽しんでいるんだから、替え歌大会をするっていうのはどうかな」
麻衣「うん、いいかもね」
私　「よし、では、替え歌大会を提案してみようよ」

### ❄かえ歌大会

翌日、歌係から次のような提案をしました。

> かえ歌大会
> 　班で一つずつかえ歌を作ります
> できたら、発表会をします。

子どもたちは、

「おもしろそう」

「いいよ」

とすぐに賛成してくれました。質問もなしです。素直でいい子たちです。

ところが一日、二日、三日とたっても、なかなか出来ません。私はおかしいなと思い、聞いてみました。

「どこまですすんでいるの」

「うちの班は女の子が勝手に作っちゃって、どうしようもないよ」

一班は男の子が困っていました。二班では、

「男女の意見があわなくて作れない」

「四班はね、男の子が遊びに行っちゃうし、集まれないのよ」

どの班も様々な事情がありました。私は、この子たちは班という人数で、男女で、しかも歌を作るという創造的な作業はまだ無理だったんだと判断しました。それでもやる気はあるので、このやる気を大切にするとしたら、気の合った好きな者どうしで作業するという条件にしたら出来るだろうな、と感じました。そこで、

「ねえ、いまみんなの班の状況を聞いたら、かなり難しそうなので、好きな人何人かでつくるということに変えたいと思うんだけど、どうでしょうか」

「いいよ」

「その方がいい」

と、すぐにまた賛成してくれました。すぐ賛成するというのが、このクラスのいいところです。

さて、この条件で、子どもたちはどんどん替え歌を作ってきました。そして、出来た歌を大きな声で歌い、楽しみました。

私は、聞くたびに身が細る思いでした。なぜかは、その中の一つを紹介しますので見てください。

（『森のくまさん』の曲で）

一、ババアが　こけたよ
大へんだ　出血だ
手じゅつ　失ぱいで
むなしい　おばあさん

二、ジジィは　よろこんだ
うるさい　ババアが

やっと　死んだんだ
うれしい　おじいさん

三、おばけになった　ババアが
ジジィを　おいかける
こわい　おばあさん
びびる　おじいさん

（男子三人グループ）

子どもたちはすっかり喜んでしまいました。翌日からのリクエストは、この替え歌ばかりでした。となると、替え歌はクラスのみんなで歌われることになるわけです。隣のクラスの子が、帰りの会の歌の時には廊下からいっぱいのぞくようになってしまいました。

私は、まいったな、こんなことになるとは思わなかった、と頭を抱えました。こんなことになるなら、大きな紙に書いてあげるなんて約束しておかなければよかったとつくづく思いました。

そんな担任の気持ちにはおかまいなしで、子どもたちは楽しみました。

## ❄一週間で収まったお祭り騒ぎ

保護者会があったので、お母さん方にも見てもらいました。

「この内容と、壁面にはってある壁新聞の内容と見比べると、全く別人の思いがします。でも間違いなく同一人物の作品なのです」

お母さん方は眉を寄せて見ていました。私は意地悪をやめて、解説しました。

「実は、そんなに困ることではないのです。誰だっておばけ屋敷をのぞいてみたいのと同じような気分で、馬鹿騒ぎをしたり、怖いものをのぞいてみたくなったりするでしょう。ですから、こうしておおっぴらにみんなでばか騒ぎをすることにより、また日常の平和な世界に生きることが出来るんですよ。一種の、そうですね、お祭り騒ぎとでも考えればいいと思いますよ」

お母さん方も、やっとほっとした表情になりました。

実は、保護者会の前に、この替え歌をどのように見たらよいのかを、研究者に聞いてみました。

「いいことやってるじゃないか。こういうことがおおっぴらに出来ることが大事なんだよ。いま、カーニバルがなくなってしまったから子どもたちはおかしくなっているんだよ」と、話してくださいました。

私はやっと、これでいいのか、子どもたちのエネルギーを抑えなくてよかったと思いました。研究者は、

「しばらくばか騒ぎをしたら、つきものが落ちるようになるんじゃないか」とも、付け加えてくださいました。

さて、子どもたちは、約一週間ほど歌い続けると、不思議なことにぴたっと歌わなくなりました。

## 2　みんなで遊ぶ

カーニバルを過ごすと、子どもたちのなかに次のような変化が見られるようになりました。

### ❄遊びの呼びかけ

「先生、別のことやってもいいの？」

と洋輔が聞きにきたのがきっかけでした。洋輔は、『グリングリン』のときに、替え歌を大きな声で歌った中心人物でした。

「いいよ、学校はみんなが主人公なんだからやりたいことをやったらいいよ」

と話してやりました。

子どもたちは、

「どろけい大会やります。参加できる人は来てください」

「私たちは、リレー大会です。ぜひ参加してください」

と、やりたいことを何人かで話し合っては、みんなに呼びかけて楽しんでいました。休み時間も放課後もいつも遊んでいました。

替え歌大会は班という単位では出来ませんでした。もっともっと、力を合わせてみんなで楽しむ経験を通して力と心の合わせ方を身につけさせていく必要を感じました。

参考までに子どもたちが作った呼びかけをのせておきます。ご覧ください。

ハンドベース大会

1、どうしてやるのか
　みんながハンドベースをとおして、もっとなかよくなれるように

2、やる日
　月　日（　）　3時間目

3、やり方
　参加自由

二チームにわけて（できれば応援団も作って）やろうとおもいます。
出場したい人は、紙に書いてください
＝ここに申し込み用紙が付く＝

**❄遊びの中のトラブル**

ところが、そんな中にも子どもたちの実態は漏れてきました。

ある日のことです。洋輔たちが計画したキックベースボールはほとんどの子が参加することになり、学級会の時間を特別にほしいと要求がありました。私は学級会の時間を一度くらい使ってもいいだろうと思い、時間をさくことにしました。

ゲームは最初、大量得点をしたチームを追い上げ、最後には同点で終わり、大いに盛りあがったのです。

「先生、またやろうね」

子どもたちは興奮して話しかけてきました。よほど楽しかったのでしょう。

私は、教室に戻りながら、元気者の妙子が参加していなかったことに気づきました。

「楽しかったよ。妙子さんも参加すればよかったのに」

「私ね、消されちゃったのよ」

「え、消された？　どういうこと？」

「うん、私が名前を書いたら、洋輔君が消しゴムで消したの。私、もう一度書いたら、また消されたからあきらめたの」

子どもたちの参加呼びかけには前に示したように末尾に申し込み用紙が付けられており、参加したい人はそこに名前を書くことになっていました。妙子もその紙に書いたのに、それが消されたというのです。

「ひどいことするね。先生が注意してあげるよ。かわいそうだったね」

私は、どうしたものかと考えました。教師が注意する必要はあるだろう。しかし、この件が子どもたちの怒りや正義にいまなるかといえば、無理という判断でした。

私は、次のような問題の指摘にとどめました。

「洋輔君、君は妙子さんのことをキックベースに入れなかったんだって?」

「そんなことしないよ」

「うそ、私の名前を消したじゃない」

「え、おれ知らねえ」

「うそばっか、私が書いたら消してさ」

そんな言い合いをしていると、友幸が、

「え、洋輔、消したじゃないか、ぼく見ていたよ」

証人が出てしまっては、どうしようもありません。

「いや、じつは人数が合わなくって」

苦しい言いわけを始めました。

「消したことは消したんだな」

「はい、すみません」

「みんなに呼びかけてやるものだから、これからは、参加したい人については入れること、いい?」

「はい」

「それから、妙子さんも、こんなことがあったら、すぐ知らせてください」

「はい」

軽く扱って、終わりにしました。

実際、妙子は正直に何でも言ってしまうものですから、洋輔たちとのトラブルが結構ありました。特に男女こだわりなく意見を言うものですから、男子からはけむたがられていたことも事実でした。洋輔も何回か衝突していましたので、今回のこともありうるなと感じました。

## 3　遊びのなかの民主主義

### ❄ウンピという遊び

ウンピという遊びを体育の時に紹介し、楽しみました。子どもたちに遊びを広めたいと考えていたからです。おもしろければ子どもたちは休み時間などにやるだろうし、広まるだろうと考えました。

# ウンピというゲーム

1.準備するもの：ドッチボール1個
2.人数：4人以上
3.コート

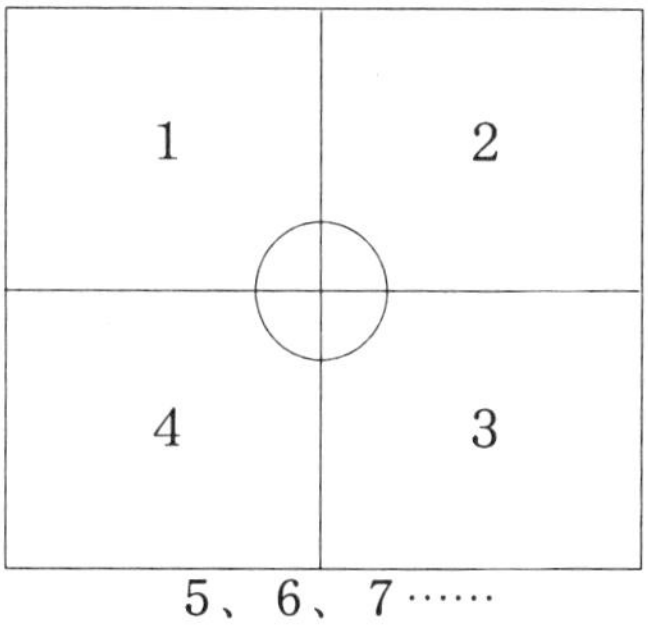


4.遊び方

①ジャンケンで勝った人から1、2、3、4、のコートに入り、五番以降はコートサイドに並ぶ。

②1の人がサッカーのヘディングの要領で、2、3、4のいずれかの陣にボールを送る。2、3、4の人は、ワンバウンドしたボールを自分の陣以外の陣に送る。（このとき、ノーバウンドで受けてもよい。また、リフティングしているなら何回かボールに触れてもよい。基本的には手を使わないが、初めてのときや小さい子の場合は手で送ってもよい。）

③ボールが次の場合はアウトになる。

・送られたボールが自分の陣に入り、2回以上バウンドしたとき。
・送ったボールが自分の陣に落ちたとき。
・送ったボールがどの陣にも入らないで外に出たとき。
・送ったボールが真ん中の小さい円に入ったとき……このときを“ウンピ”と呼び、外に出て最後に並ぶというペナルティーを設けてもよい。
※オンラインはやり直しとかアウトにするとか、そのときに決める。

④アウトの場合。

一つ下の番号の人と陣を交代する（ｅｘ．2の人なら3の人と交替する）。4の人は5の人と交替し、いちばん最後に並ぶ。

⑤ゲームの再会は常に1の人から始める。

子どもたちはすっかり楽しくなって、休み時間などよく遊ぶようになりました。子どもたちの間では大流行することになりました。初めは手でやっていましたが、いつのまにか足でやるようになり、全校的にも広まりをみせました。

朝から、休み時間、放課後と夢中になってやりました。私も放課後などときどき付き合いました。

## ※ルールに従わない洋輔

十月のことでした。

「先生、洋輔ひどいんだよ。私、許せない」

麻衣が興奮して話し始めました。

「どうしたの」

「だってね、洋輔ったらひどいのよ。優太君が蹴ったボールが洋輔の陣地に入ってね、それを受け損ねてゲームから外れることになったの。そしたら、洋輔ったら出ないのよ。それどころか、いまのは入っていないなんて言うのよ。私たちが、入っていたよ、洋輔出なさいよというと、やっと出たの。それだけでも腹が立つのに、優太君にボールをぶつけたんだよ」

　誠も、

「ぼくも見ていたけど、ひどいよ」

と言います。

「わたし、帰りの会で言ってやるわ」

「そうだよ、ぼくも」

　私は、いいことだと思いましたので、

「友達のことでそんなふうに怒ることができるというのは、二人がやさしいからだね。ぜひ言いな」

と励ましました。


　ところが、帰りの会では、二人とも黙って何も言いませんでした。

　何日か前、放課後、私も遊びに加わったときでした。その時も洋輔が失敗し、外に出なければならなくなりました。

「今のは、アウトだ」

と洋輔は言いますが、みんなは、

「入っていたよ」

と譲りません。私もたしかに入っていたと見ました。私は、

「洋輔、がまん。洋輔、がまん」

と言いました。子どもたちも一緒になって、

「洋輔、がまん」

と言いました。みんなで何度も何度も言うと、やっと外に出ました。

「洋輔、偉いぞ、よく我慢した」

と私は言いました。洋輔は黙って下を向いていました。

再び洋輔が入る番になると、やっと機嫌をなおして入ってきて、ゲームを続けました。洋輔は運動神経が良いので、よほどのことがないかぎり外へ出ることはありませんでしたので、このような場面が生じることは全く予想していませんでした。洋輔の発達の課題だと感じました。


そんなことがあったので、今回も子どもたちの中で起こった洋輔の発達課題をめぐって

のトラブルだとみたのです。

ですから、麻衣と誠の二人が帰りの会できちんと話してくれることは、洋輔にとっても大事なことになると心待ちにしていたのです。

そしてそれは、一学期に妙子の名前をキックベースの申し込みから消してしまった事件が本格的に解決を見る場面でもあると思ったのです。

### ❈「ずるい」の非難からルール作りへ

それから一週間が過ぎました。麻衣が、

「もう洋輔ったら、本当に頭にくる」

と怒っていました。

「今日こそは言うんだ」

と言います。

帰りの会になりました。麻衣は、話し始めました。

「とにかく、洋輔はずるいと思います」

おやおや、何やら違うことのようです。

「だってね、いつも一番になるでしょう。そんなのずるいよ。洋輔はさ、自分がボールを持っていったからって、一番になるのはずるいよ。そのほかの人はみんなジャンケンするのに」

ウンピをするために、教室からボールを持って行きますが、それを洋輔がさっと持って行きます。他の子たちも一緒に行くのですが、洋輔はボールを持ってきたんだからと、ジャンケンに加わらないで、一番の位置に入ってしまうのだという。だから、誰だって一番の位置に入りたいのに、ずるいというのです。

「そんなこと言ったたって。そんなら麻衣がボールを持ってくればいいんじゃないか」

「そんなこと言ったたってむりよ。洋輔がさっと取っちゃうじゃない」

たしかに、洋輔は休み時間にチャイムと共にボールに飛び付くので、他の子にはボールを取ることは無理でありました。

そんなとき、誠が、

「ぼくもずるいと思う」

と発言しました。

「そうだよ、ずるいよ」

たくさんの声が出されました。

私は、子どもたちの表情を見ていて、麻衣の訴えの背後には、多くの子どもたちの同意があることを感じました。言い換えれば、今日は洋輔の勝手を許さないよ、という気迫を感じたのです。それは、学級に正義を要求し、正義を守っていくという世論が形成されてきていることでもありました。

私は、そのことを感じましたので、あえて方向を変えました。というのは、麻衣が「ずるい」と言ったことを、「ずるい洋輔」と続けて読んではいけないと思ったのです。「ずるい」は、その前に「そのやり方は」という言葉が省略されていると読まなければなりません。

今回の「ずるい」は「ずるい洋輔」と主張されていますが、その感情を洋輔批判で解消させてはいけません。自分たちの社会をもっと住みやすい社会に作りかえるエネルギーにしていかなくてはいけないと感じたのです。そこで、つっこんでみました。

「では、麻衣さんは、どうしたいんですか」

麻衣は一瞬戸惑っていましたが、

「私はね、ボールを持っていった人も、持っていかない人も、みんなジャンケンでやるといいと思います」

「そうですか。では、洋輔君のやり方は、ボールを持っていった人が一番の位置に入るというやり方ですが、麻衣さんは全員のジャンケンで始めるというやり方がいいという意見ですね」

「ええと、うん、そうです」

麻衣は「ずるい洋輔」と追及したかったのに、方向が違ってきたので困っていましたが、私の言うことを理解して答えました。

「では、みなさん、いま、二つのやり方があることがわかりました。麻衣さんからは全員のジャンケンで始めるというやり方に変えたいという提案がされました」

子どもたちも、「洋輔ずるい」から「どちらの制度が良いのか」というルール作りへという転換に戸惑いながらも入ってきました。

私　「これからどちらのやり方でやるか、相談して決めるということにしたいと思いますが、みなさんどうですか」

全員「いいでーす」

私　「決まったら、みんな守りますか」

全員「守るよ！」
私「麻衣さんは、もしみんなが、洋輔のやり方、つまりボールを持っていった人が一番の位置に入るというやり方がいいと言って決まったら、それに従いますか」
麻衣「従います」
私「それでは、洋輔君にも聞いておきます。もし、ジャンケンという方法がいいということになったら、今日の放課後の遊びから守らなければなりません。そうなったら、守りますか」
洋輔「守ります」
洋輔もはっきり答えました。
私「では、そういう約束なら、決めましょう。意見をどうぞ」
遠藤「ぼくは、ジャンケンがいいです」
松村「ぼくもジャンケンがいいです」
私「ではここで、手を挙げてもらいます。最初に、ジャンケンという方法がいい人⁉」
洋輔を除いた全員が手を挙げました。洋輔は結果を見てびっくりしていました。
私「みんなジャンケンという考えですね。今日からジャンケンで決めるということにしますが、いいですか」
全員「いいでーす」
子どもたちは、元気に応じました。
私　「洋輔君も、ジャンケンという方法でやりますが、いいですか」
洋輔「いいよ、おれ、ジャンケンだっていいんだから」
これにて一件落着です。

**❄洋輔、泣いて謝る**

ところが、麻衣は、

「わたし、もう一つ言いたい」

と手を挙げました。

「わたしね、洋輔がこの間、外に出ることになったとき、優太君にボールをぶつけたでしょう。いくら優太君が蹴ったボールであったとしても、ひどいと思います」

洋輔は困りました。これは洋輔の発達課題に直接かかわる要求だからです。

「ぼくも、見ていてひどいと思ったんです。だから、優太君に謝ってもらいたいです」

誠も続けました。優太は困った顔をしましたが、次のように言いました。

「ぼくもあの時はすごく嫌だったです。できれば謝ってほしいけど、もうやらないならいいです」

洋輔にみんなの目が集まりました。私が何と言ってやったらよいのか迷っていると、洋輔が立ち上がり、

「ごめんなさい。もうぶつけません」

と言って、泣きだしてしまいました。

「もういいよ」

優太が言いました。


帰りの会が終わると、さっとボールを取って走りだしたのは洋輔でした。

「おーい、ウンピやるもの来いよ」

声は明るいのです。ほっとしました。

校庭では、円くなってジャンケンをしていました。

ませんか。

### ❄沙由美も加わった！

ウンピ熱はさらに続きました。校庭を見ると、沙由美が仲間に加わっているではありませんか。

沙由美についてちょっと紹介しておきましょう。

沙由美はおとなしい女の子です。国語の授業で指名して読ませようとすると、泣きだしてしまい、読むことができないのです。しかし国語の知識や読み取りなどには高いちからをみせている子でした。

一学期の体育の時でした。体育館の体育の時は、

「ターザンやろう」

と子どもたちはせがむのです。私も子どもたちの喜ぶ顔が見たくて、サービスしてしまいました。ターザンとは体育館のロープで遊ぶことです。

「ターザンやるぞ」

と言うと、

「わーい、やった！」

と大喜びして楽しみました。

ところが、沙由美はみんなが楽しんでいるのを少し離れて見ているだけでした。

「先生」

と、沙由美のことを気にして裕子が呼びにきました。

私が近付くと、沙由美は逃げます。追いかけると必死になって逃げます。私はかわいそうになりました。ですから、私に怯えています。ターザンをやる恐怖が私を避けさせているのだと思いました。ですから、私との距離をとろうとしているのです。私は、無理にやらなくてもいい、安心して見ているように伝えたいと思いました。

そこで、私は全力で走って沙由美をつかまえて言いました。沙由美はふるえて泣いています。

「いいんだよ、やらなくて。そのことを知らせようと思って来たんだよ。もっと近くに来てゆっくりと見ていればいいよ。体育は出来ないこともあるから、そんなときには見ていればいいんだよ」

沙由美はやっと安心して、近くに寄って見ていました。

そんな子ですから、ウンピも出来ない、とやりませんでした。無理にやらせると泣きだしてしまいます。ですから、体育の時のウンピは見る専門でした。その沙由美が、今はウンピの仲間に入っているのです。

翌日、沙由美に聞いてみました。

「昨日、ウンピをしていたね」

「ええ」

「楽しかった?」

「ええ」

口数の少ない子なので、その時の様子を日記に書いてきてくれるように頼みました。

> 私が、仲間に加わると、他の人はみんな私が取れるようなボールをやさしくくれます。洋輔君もやさしいボールをくれます。
> だから、私はウンピに入れるようになりました。

沙由美にやさしくする子どもたちに感心するとともに、そのやさしさを感じて受けとめ、仲間に入った沙由美にも感心しました。

子どもたちは、こうして仲間を増やし交流を深めていたのでした。

## ❊友だちの笑顔がうれしい

さらにウンピは続きました。そんなある日のことでした。誠が日記を持ってきました。

> 今日はウンピをしました。牧君がいっしょにやりました。いつもあまりやっていなかったので久しぶりでした。
> 牧君が、うれしそうにやっていたので、ぼくもうれしくなりました。だからまた牧君がいっしょにやってくれるといいなあと思いました。

私はこれを読んで感激しました。誠に許可を得て、みんなに読んでやりました。

「今まで、ウンピをして楽しかったという日記はたくさんありました。しかし、友達がうれしそうにしていたから、自分もうれしいというのは初めてでした」

子どもたちは、誠に拍手を贈ってくれました。

## ❄クラスの全員でやりたい

それから、一週間ほどたったでしょうか、麻衣が、

「私たち、いす取りゲームをクラスの人全員でやりたい」

という提案をしてきました。

「どうして、全員なの?」

「全員でやりたいと思ったから」

どうも誠の日記の影響のような気がします。

「みんなでやるというのは、いろいろな意見があるから難しいよ。むしろ自分たちでやりたいようにやった方がいいよ」

「でも、私たちやりたいんです」

「それほど言うのなら、応援するけど、でも条件が付けられてなかなか自分たちのやりたいようには出来ないと思うよ」

クラスの全員に呼びかけ、みんなの合意を形成していくことも教えなければいけないので、いい機会ではありました。

「では、自分たちでやりたいようにやるより、条件がつけられても、みんなでやりたいということの方を大事に考えているんだね」

「そうです」

「ということです。みなさんにも、いま聞いてもらったように、麻衣さんたちはクラス全員の協力をお願いしたいそうです」

「いいよ、協力しようぜ」

すぐに応じたのは洋輔です。言い合いもしますが、仲が良いのです。

「ぼくも賛成します。みんなで楽しもうっていうんだから」

誠です。こうした勢いで、全員参加はすぐに可決されました。

いくつかの質問もされましたが、大したことはなく、麻衣たちはさっそく準備に入りました。

当日は、いす取りゲームだけで結構楽しく過ごしていました。妙子は賞品を用意して、楽しみを大きくしてくれました。

優勝はなんと洋輔でした。

このことがきっかけになり、全員でという企画が主流になってきました。そんなとき妙子が、転校することになってしまいました。子どもたちは、

「それなら、お別れ会をしようよ」

と、班長会に原案を出してくれるよう頼みました。

十一月もおしせまってきていました。班長会として本格的に原案を出すのは初めてのことでした。

その後、お別れ会、クリスマス会と続き、班長会が活躍しました。

### ❄洋輔が変わった！

二学期のまとめを書きました。その中で、麻衣は次のような文を書きました。

> いっしょの班になって、私はY君のことを見なおしました。授業中におしゃべりをする人がいると、
> 「静かにしろ。まじめにやれ」と注意をしてくれました。

私は、麻衣の許可を得て

「ある人が、次のような文章を書いていました」

と右の文章を読んでやりました。

「誰が書いたの、教えて」

「Y君ってだれ？」

子どもたちは発表を求めました。しかし、

「それ以上は許可されていないので、言いたいけど言えない」

と頑張りました。が、子どもたちも粘りました。

「では後日、もう一度相談してから」

とその場はおさめました。

麻衣もこれでは発表するしかないと判断したのでしょう。私が話すと、すぐに承諾しました。翌日、

「実は洋輔君です」

と発表すると、

「えー！」

クラス中がどよめきました。洋輔は、

「え、オレかよう」

びっくりして、顔を赤くしていました。嬉しさを顔いっぱいに表していました。

三学期が始まって間もなくでした。友幸についつい嫌味を言ってしまった洋輔ですが、

「いっけね。いまの取り消し。な、な、ごめんな」

と、あわてて口を押さえ、両手を合わせていました。

一年間というのは子どもを大きく成長させるものだと、私は嬉しく思いながら見ていました。

# 9章　学習のなかの子どもたち

学習をすればするほど自分が無能だと思い込んでいくようなシステムが今日の学校にはあるのではないかと思え、つらくなります。

そういう子どもたちに、決してあなたの頭が悪いわけではない、自信を持ってほしいというメッセージを送りたいと思います。同時に、学習を通してそういう思いを伝えあえる仲間関係をつくりたいと思いました。

**❄算数嫌い**

五年生を受け持ちました。教師の指示に素直で、熱心に勉強するよい子どもたちだという印象を持ちました。しかし、日がたつにつれ、発言しない子が多く、発言者も固定化していることに気付きました。

また、全く勉強しようという意欲がない子もいることに気付かされていきました。

丸木季代は、黙ってじっと座っている子でした。特に算数の時間になるとじっとして動かず、問題を考えようという姿勢が全くありませんでした。実際、出来ないのです。この無気力さでは出来ないのが当然であると考えたくなるような有様でした。

しかし、それでは説明しきれないものにぶつかってしまいました。それは理科のテストをしたときでした。季代はよくできているのです。静かで目立たない存在に変わりはないのですが、満点に近いこの結果には「無気力」では説明しきれないものを感じたのです。

「丸木さん、すごいね、よく頑張ったじゃないか」

と声をかけると、にっこり笑ってうなずきました。

「丸木さんは、本当は頭がいいんだね。これなら算数だって出来るよ」

「だめ、私、算数は出来ないの」

「そんなことないよ。理科が出来る人は算数も出来るんだよ」

「でも、私は出来ないの」

「そんなこと言ってないで、少しずつ勉強してみようよ」

「だめだめ、私は本当に出来ないんだから」

教師からのメッセージをぴしゃりと抑えて、それ以上は言わせない迫力です。私はすごすごと退散するしかありませんでした。

次の算数の時間、相変わらずでした。

「ねえ、やってみようよ」

「わかんないんだもん」

「それなら一緒にやるよ。さ、鉛筆持って」

しぶしぶ鉛筆を持ちます。

一緒にやってみてわかったことは、掛け算の九九がうろ覚えであり、そのために出来なくなっているということでした。

「掛け算九九を覚えようよ」

「だめ、私、覚えられない」

全くその気がありません。その姿を見て、自分は覚えられないとこれほどまで思い込ませたものはいったいなんだろうかと考えました。かわいそうに、そのことがトラウマになって、算数嫌いになって避けているとしか思えません。

「わかった、それなら、いいよ。先生が教えてやる」

問題を解くときに九九が必要になると、すぐその場で教えてやりました。

そうした繰り返しの中で、

「先生、８×４いくつだっけ」

だんだん聞いてくれるようになりました。そうなると、近くの子が、

「何だよ、そんなのわかんねえのかよ。32だろう」

と教え始めました。

子どもたちのなかには「教えてはいけない」というおかしな意識があり、教えることへの抵抗がありました。しかし、教師がいつも教えているのを見て、少しずつ変わってきたようでした。

教師の援助と仲間の励ましを受けて、だんだんやるようになってきました。季代と私との間に、

「私、算数きらい」

「何言っているの、やるの」

「いや、私やらないからね」

こんなやりとりが大声で毎回行なわれるようになると、いつのまにか、最初の無気力はどこかに消えていきました。たしかに、まだすらすらと出来るわけではありませんが、しかし、やろうと努力し、少しずつ少しずつ出来るようになったのです。

「ほうら、出来るじゃないか。頭いいんだから、自信持ちな」

「だめ、私ばかなんだもん」

最初の頃の、相手を寄せ付けない厳しい言い方ではなくなってきていました。

## ❄「分からない」と言えない子どもの〝事情〟

「分からないときは、分からないと説明を求めてほしいな。それが主体的に学ぶということだよ。分からないことは恥ずかしいことではない。分からないことをそのままにしていることが恥ずかしいことなんだよ」

私は子どもたちに、何度も口が酸っぱくなるほどに言い続けました。しかし、なかなか「分からない」とは言ってくれません。

「先生の言っていることは正しいことだ。しかし、その指導には従えない子どもの事情ってもんがあるんだ」

子どもたちはそう言いたいのでした。

能力主義の中で育った子どもたちです。「出来る・出来ない」「分かる・分からない」ということには非常に敏感です。そして、「出来ない」「分からない」者は馬鹿にされる立場に立たされることを知っていました。すなわち、「分からない」ことは馬鹿にされることであり、人間としての尊厳が守られない世界（いじめられる世界）への転落を意味していました。だから、口が裂けても「分からない」とは言えないのでした。これが、子どもの「事情」でありました。

## ❄「分からない」と「分かる」の間

子どもの「事情」の前で「正論」の無力さをいやというほどに感じさせられましたが、嘆いてばかりもいられません。

そこで私は、台形の面積の説明をするときから、やり方を変えてみました。教師が説明するのをやめて、子どもたちに説明をさせてみたのです。

「台形の面積は?」

「(上底+下底)×高さ÷2です」

と子どもたちは張り切って説明するのですが、

「どうして÷2なの?」

という問いかけに、答えられず困ってしまいました。子どもたちの説明というのはこうした舌ったらずの説明である場合が多く、

「なんだかよく分からない」

「どうしてそうなるのか分からない」

と、ふだん分かっている子にまでも、納得してもらえないことが出てきました。「説明が悪くて分からない」というのは、聞き手が悪いのではありません。説明者に責任があるのですから愉快です。

「さて、今の説明で分かったかな」

と、口をはさむと

「分かりませーん」

「残念だね。先生にはよおく分かったんだけど、みんなには通じなかったようだね」

説明者は残念がって自分の席に戻ります。

「では、どなたか、代わって説明に挑戦してください」

子どものリレー説明会というところです。

私は、頃合を見て、

「藍子さんが言いたいこと、これを使うと分かりやすいかもしれないよ」

と、説明のために準備した二つの台形の切り抜きを渡し、説明の手伝いをしたりして盛り上げてやるなど、説明に立つ子どもたちへの援助も組んでいきました。

「分かった」

という声が聞こえると、にっこりします。

「さすが、森君」

という声を背中で受けながら、自分の席に戻っていく時の子どもは、満足そうな顔でありました。

## ❄みんなで励まし合って分かるようにする

さて、子どもたちは子どもどうしの説明のしあいに、

「おもしろい」

という評価を下しました。私は、

「まだまだ、分からないと言えない人がいるけど、どうだろう、お隣どうし、励まし合うっていうのは」

「うん、いいね」

「みんなが分かるように、みんなが力を出しあうんだよ」

子どもたちはのってくれました。

算数の時間になると、子どもたちは自由に席を移動して、リラックスした雰囲気で授業が始まりました。このシステムも、子どもたちに「おもしろい」と受けとめられ、いつのまにか、教師の説明に対してもこのシステムが動きだし、「分からない」と言うことが出来るようになってきたのです。

そんな取り組みの中で、「算数嫌い」という丸木季代は次のような詩を書いてきました。

「分からない」
と言うのが
すごく
はずかしかった。
みんなに笑われそうで、
いやだった。
だけど
今は、
「分からない」

と言えるようになった。

山田洋も書いてきました。

「わからない」
と言うと
友だちや先生が教えてくれる
友だちや先生が教えて
わかると
「やった!」
と思う
「わからない」
と言えば
友だちや先生が
わかるように教えてくれる

さらに山田は、それから一ヵ月ほどして、次のような詩を書いてきました。

いつもわからなく、
教えてもらってた算数が
今日はじめてできた。
気持ちがよかった。
だって、
一度も
一人で
全部できたことはなかったから
ものすごくうれしかった。

これからも
がんばって
算数だけじゃなくがんばりたい。

## ❄いやなことを乗りこえる

こうした学習への取り組みは、いつの間にか仲間意識というようなものをはぐくみ始めていました。

体育の時間のことでした。バスケットボールをやっていたときに、ちょっとしたミスをした池谷に、洋は嫌味を言ってしまいました。池谷は怒って、

「班をかえてほしい」

と、不満を言ってきました。私は、

「帰りの会に出しな」

と、話しました。

帰りの会になりました。彼は言い出しませんでした。池谷の愚痴を聞いていたのであろう田口と秋葉たちが励ますのですが、言いません。

「じゃ、代わりに言うよ」

田口が話し出しました。すると、池谷は、

「いいよ、自分で言う」

と、立ち上がり、つらかった気持ちを訴えたのでした。訴えられた洋は、

「おれ、気付かなかった。ごめんね。これから気をつけるよ」

と、謝って、一件落着したのでした。

翌日、次のような詩が二編とびこんできました。

五年二組はいいクラスだ
だれかがミスしたとき
友だちが言ってあげたり
励ましてあげる人が
五人もいる
文句を言う人も
ちゃんと謝って
これから言わないと言っている
五年二組はいいクラスだ

いやな気持ちになったとき
それを相手に言うのは
むずかしい
でも
それを言うことが
そして、そんな人を
助ける人がいることが
いいクラスへの
近道だ

# 10章　「無視」事件
## ——声なき声が聞こえる

六年女子の「無視」事件にかかわることになりました。子どもたちは、無視するという関係の中から、自分と友だちを再発見していきながら、新しい関係を築いていきました。

## ❊突然の「無視」

暴力支配が行なわれていると教師には見える、六年生のクラスです。

二学期を迎えた始業式の日、清美がひとり自分の椅子に座ったまま動きません。他の女の子たちはキャーキャーおしゃべりしています。一学期まで仲良くしていた美智子、真智の二人も清美の方を見向きもしないでおしゃべりをしていました。

いったい何が起こったのだろうかと、私は様子を伺っていましたが分かりません。そこで清美に直接聞いてみることにしました。

「どうしたの、具合でも悪いのかい。元気ないね」

首を横に振るだけで、一言もありません。ますますおかしい。これは「無視」ではないかと思いました。

廊下を歩いていると美智子が歩いてきました。

「美智子さん、いったいどうしたんだ。清美さんが一人でぼんやり座っているけど」

「ううん、知らない」

と言うと、さっさとみんなの方へ行ってしまいます。ますますおかしいと思いました。今までどちらかというと女の子の中心的な位置にいた三人のうちの一人が、このように急に黙り込むなんて。

話には聞いていました。仲良しのグループのなかでいじめや「無視」が行なわれる、と。しかし、このように全く話さないで、そこに存在していることすら意識しないというような振る舞いで「無視」するのにはびっくりしてしまいました。しかも仲良しの友達を、このように「無視」できるものなのだろうか。信じがたい光景でした。

### ※姉とだけ話す

誰も何も言いません。誰も教師に教えてくれません。もちろん本人もです。私は何からどうしたらよいものやら困り果てていました。

私はとにかくご両親に報告し、相談してみようと思いました。電話をするとお母さんが出ました。

「先生、家でもびっくりしているんですよ。話には聞いていましたが、まさかわが子が無視されるなんて。お父さんと、とにかく先生に相談してみようと話していたところだったんです」

「そうですか、学校でも全力を尽くし、一日も早い解決をはかりますので、何か分かったら連絡してください」

「清美は私たちにあまり話さないんですよ。高校生の姉にはいろいろ話しているようなんですが」

「それは助かりました。学校では誰とも話さないので、辛いだろうなと心配していたんです」

「それが先生、不思議なことがあるものですね。今まで姉とは喧嘩ばかりしていたんですよ。それが、今回の事件が起こると、ぴたっと二人がくっついて話しているんです。部屋にこもって出てこないときにも、姉が呼びにいくと出て来るんですよ。本当に、姉がいて良かったと思っています」

## ❄先生、たすけてあげて

早くも三日目、困り果てていました。そんなとき、隣のクラスの清美の友達だという真紀が職員室に訪ねてきました。

「先生、助けてあげてください。清美は無視されているんです」

「うん。私もそう思ったんだけど、清美は何を聞いても黙っているし、ほかの子も何も言わないし、困っていたんだよ」

「実はね、八月の二十七日頃だったと思うんです、清美の所に美智子から電話があったらしいの。その時に清美はお父さんから教えてもらったワープロが出来るようになったと話したらしいの」

「それが無視と関係あるのか?」

「私もよく分からないんですけど、どうもその時の受け答えが、ワープロ出来ると自慢していると受け取られたみたいなんです」

羨ましい気持ちが、相手を攻撃する理由になるという真紀の話に、私はショックを受けました。お互いがいろいろなことを出来るようになるために励まし合い、出来るようになったら一緒に喜び合うのが友達ではないのか。それが、攻撃の材料になるとは……。

真紀は続けました。

「だからね、きっとワープロが出来ることをうらやましいという思いが無視につながったのではないかと思うんです」

「なるほど。よく分かった。それでは、頼みがあるんだけど、私は清美さんのことを心から心配し、どうにかちからになりたいと思っているんだ。だから、清美さんと話せるようにしてほしいんだけど」

私は真紀の友情にかけてみようと思い、頼みました。

「いいですよ。では明日、連れてきます」

**❆やっと本人と話せた**

翌日、真紀は清美を呼んできてくれ、三人での話し合いが成立しました。

「大体のところは真紀さんから聞いて理解できている。とにかく異常事態だと思うよ。どうにか解決したいと考えている。ちからになりたいので出来るだけ話してもらえないか」

清美はちょっと躊躇している様子でした。しかし真紀が、

「本当のこと話した方がいいよ」

と促すと、それに応えて話し出しました。

話の内容は真紀が話してくれたこととほとんど違いはありませんでした。よく話しているんだと思いました。

「何か心当たりはあるの」

と聞いてみましたが、

「全く思い当たることはありません。電話での話も『じゃ、学校で会おうね』ということだったから、学校に来るまで全然気が付きませんでした」

ということで、暗礁に乗り上げてしまいました。

私は、無視している子どもたちに、どんな理由で無視しているのか聞いてみたいと思いました。

「とにかく、無視ということは、言い方をかえればいじめだから、許せないという気持ちだよ。とにかくやめてほしいということは話してみるよ」

と話しました。真紀は、

「とにかく、先生がたよりなんです。よろしくお願いします」

と頭を下げました。清美は、

「私は平気です。でも、なぜ無視するのかだけは知りたいと思います」

と、悲しみを噛みしめていました。

話が一段落したところで、

「最近、お姉ちゃんとよく話しているんだってね」

話をお姉ちゃんのことに向けました。

「そうなんです。お姉ちゃんとはあまり話さなかったんですけど、今回のことではすごく心配してくれて、昨日なんか、『私、学校にいかない、清美が心配だから家で待っていてあげる』と言って家に居てくれたんです。私、嬉しくって。お姉ちゃんがこんなに私のことを考えて心配してくれているなんて知らなかったから」

「そうか、悲しい事件に出会ってしまったけど、お姉ちゃんの素晴らしい面を見つけられて、姉妹でうんと仲良くなれたということは素敵なことだよ。お姉ちゃんを大事にするんだよ」

「ええ、そのつもりでいます」

実際、こんな状況に置かれても、我慢して学校に来ていたのは、姉の支えがあったからだなとつくづく思いました。

**❄ため込まれていた〝恨み〟**


翌日、私は無視している子どもたちの一人の幸子に話しかけてみました。

「清美さんを無視しているようだけど、理由は何なんだ?」

「無視なんてしていません」

またまた、そっけない返事でした。

「それは無理だ。清美さんは無視されていると言っているんだよ」

「そんなら言いますけど、私は清美さんに恨みがあるんです」

「え、恨み?」

私は、こんな言葉が出てこようとは思いもかけなかったので、びっくりしてしまいました。

「何が、恨みなのかね」

「四年生の遠足の時、私は真智さんと一緒にお弁当を食べようと約束していたんです。それなのに、清美さんが割り込んできて、私は真智と一緒にお弁当を食べられなかったんです」

「なに、四年生の遠足以来、清美さんを恨み続けてきたということか?」

「そうですよ」

私は、幸子の話に、ショックを覚えました。四年生のことといえば二年前の学年の話ではないか。その時のことが今回の無視事件と関係があるなんて、思ってもみなかったことでした。

ところが、話を聞いていくと、もっとびっくりすることが分かりました。洋子は、

「三年生の時に、遠足の班になろうと約束をしていたのに、清美が邪魔したんだよ」

と言うのです。この子たちの心の中はどうなっているんだろうかと、暗い迷路にでも迷い込んだような気持ちになりました。

その日、家に帰って、いったい何が問題の本質なのかと考えました。しかし、答えは出てきません。

私の疑問は、なぜ仲良しの、それも本当に仲良しと思っていた仲間の中に、どうしてこのような亀裂が生じたのかということでした。

子どもたちの話では、二年も三年も前のことが原因であるようなことを話していました

が、もしそれが本当であるならば、仲良くしている姿は何だったんだろうと思います。

何年間も悔しい気持ちが癒されなかったということであれば、いったいこの子たちの家族や友達、先生との関係はどうなっていたのであろうか、癒されるような関係になかったのであろうかと疑問はふくらみました。

自分の悔しい気持ちや悲しい気持ちを家族に話し、一緒に悲しんでもらったり一緒に喜んでもらったりすることにより、だんだん気持ちは癒されていくのが普通ではないでしょうか。

それが、二年も三年も忘れられなかったということは、誰にもその悔しさ悲しさを受けとめてもらっていなかったということになりはしないか、と思ったのです。とくに小学生の場合は、お父さんやお母さんに悔しかったことを聞いてもらうことにより、悔しさは半減したり消えていったりするものではないかと考えました。

癒しということは、話を聞いてもらえる人が身近に居て、実際に聞いてもらい、一緒に悲しんだり悔しがったりしてくれるということを言うのではないでしょうか。そう考えると、無視している子どもたち、すなわち加害者の生活にも同情せざるを得ないなと感じました。

しかし、家庭の中の関係まで口を挟むことは難しいと考え、当面は子どもたちの気持ちを教師の管理下でぶつけ合わせ、少しでも解消させることは出来ないものだろうかと考えました。

**❄とにかく感情をぶつけ合わせよう**

清美に話しました。

「昨日考えたんだけど、とにかく話し合って言いたいことをさらけ出してみよう。目的は、言い合って、そのあとは仲良くすること。だから、喧嘩のための言い合いではなく、腹にたまっていることを言い合うことで、お互いの理解を深めようということにしたいんだけど、どうかねえ」

「いいですよ。私も言いたいことがありますから」

美智子や真智にも同じように話すと、

「私たちもこの際だから言いたいことを言います」

と受けて立ってくれました。

その日の放課後、空き教室に集まったのは、清美と美智子、真智たち七人と私でした。

「今日は、清美さんを無視しているという状況を一日も早く解決し、みんなが仲良くなることを目的として集まってもらいました。目的を十分に理解してもらい、話し合いをすすめたいと思います」

するとと、幸子がすぐに話し始めました。

「私はね、四年生の時の遠足の時、真智さんと一緒にお弁当を食べようとしていたのに、清美さんが割り込んできて一緒に食べられなかったんですよ」

清美は落ち着いて反論しはじめました。

「あの時は、私は、無理に入ったわけではないわ。私が、入れてと言ったら、みんないいよって言ってくれたから入ったのよ。割り込んだのではないわ」

「そんなこと言ったって、いやだなんて言えないじゃない」

「でも割り込んだのではないわ。いいって言ってくれたんだから、私は本当にいいのかと思って入ったのよ」

「でも、私は悔しかったの」

「悔しかったかどうかは分からないけど、でも、いやだって言ったなら、私は入らなかったわ」

　幸子はぐうの音も出ません。私は助け船を出しました。

「その時、いやだと言えない事情があったんではないの?」

　幸子はほっとして、

「そうなんです。私がいやだなんて言えば、私がいじめられ、無視されていたと思います」

　私はこの時にも、この子たちの仲間関係はどうなっているんだろうか、仲が良いと思っていたのに、自由に物が言えず、恐怖の関係で結ばれていたのかと恐ろしくなりました。

　清美は、

「そんなことないわ。私はみんなの許可を得て一緒に食べたんだもの」

と、言いきりました。

「このことは物別れです。お互いの主張が違う問題については、違うということだけを明らかにして次へ進みます。遠い昔のことなので分からなくなっていると思うからです」

と次へ進めました。

　次は真智でした。

「サッカーをしているところに、私が入れてと言ったとき、清美は、無視していたわ。あの時は、あったまにきたわ」

「無視なんかしてないわ」

するとと美智子が、

「でも、あの時、清美は後で、真智っていやね、しつこくってと言ってたんじゃない」

「そうだったかしら」

「そうよ」

「そう、私よく覚えてないけど、そうだったら悪かったわ。ご免なさい」

「分かってくれるんならいいわ」

次から次へと出てくる事実。それが二年も三年も前のことまで含めてなので、私の方は面くらっていました。そして、何度も、

「今日の話し合いは、新たな喧嘩のためではなく、今までたまっていたことを話し合って仲良くなっていくということだから、その目的は忘れないで話を進めてほしい」

と話しました。子どもたちは分かっていると言いながらも、きわどい攻防を繰り広げていきました。清美の度胸のいいのには、私自身感心していました。

## ❄のぞき見た子どもたちの〝恐怖の世界〟

二時間にもわたる話し合いの結果、

「では明日からは、無視はやめてお互いに仲良く付き合うということで終わりにしていいですか」

と聞くと、

「いいです」

という答えが返ってきました。

こうして、長い長い話し合いは終わりました。

「清美さん、これで解決するといいね。今日はよく頑張ったと思うよ」

と話しかけると、初めてほっとした表情になりました。

今回の無視の原因は、清美の追及にもかかわらず、ついに迷宮入りとなってしまいました。それほどに、微妙な問題であったということでしょうか。


後で、幸子から聞いて分かったことです。

「理由なんてともかく、嫌な感じね、無視しようと言われると、私たちは、そうよね、本当に嫌な奴と言って一緒に無視するんです」

「え、理由はないの?」

「だって、理由なんか聞いたら、シカトされるし、逆にうるさい奴と思われて、自分が無視されちゃうのよ」

「ううん」

私がうなっていると、

「だから、自分でもいろいろいやだったことを思い出して調子を合わせるのよ」

「そんなことで、友達を傷つけるのか」

「だって、自分がやられるの恐いもん」

私は子どもたちの置かれている現実があまりにも酷《ひど》いことにびっくりしました。やらなければ自分がやられるという状況は、戦争で敵と向かい合っている時と同じではないかと感じました。

しかし、翌日からは、清美も仲間に入り、楽しそうにしているのでほっとしました。言い合って膿《うみ》を出したからかなと私は単純に考えていました。

## ❄声なき声が聞こえていた！

ところが、それから一週間ほどたった時でした。清美が再び自分の席に黙って座っているではありませんか。清美は思い詰めた表情で、唇をぎゅっと結んでいました。

今度は、女子全員に集まってもらいました。

「無視というのはいじめなのです。いじめがあって、それをほっておくわけにはいきません。みんなで解決したいと思います」

と集まってもらった趣旨を説明しました。改めて無視はいじめだと説明されて、戸惑っているようにも感じられました。

「いったい、今度は何が原因なんですか」

私はストレートに問題の核心に迫ろうとしました。元気な美智子は、

「え、私、知らない」

「そんな、友だちではないのか」

「友だちではあるけど、でも、本当に知らなかったの」

「ふうん。じゃ、どう思っていたの」

「何だか、急に話さなくなってしまって、どうしたのかなと思っていたんだよ。でもさ、どうしたのなんて聞けないじゃない。だから黙っていたってわけ」

子どもたちの多くがうなずくのです。子どもたちはおかしいなと感じても、それをどうしたのかと思いつつも配慮して聞くことができないということなんだと初めて分かりました。そんな気配りをしているものなのかと、変に感心してしまいました。

「では、誰も無視はしていないということだね」

「うん」

とうなずくのでした。

実は私は、今回の事件についても隣のクラスの清美の友だちの真紀から大体のところは聞いていました。中心は真智でした。真智が、

「清美と仲良くしている人を無視しよう」

とみんなに話しかけていました。子どもたちの世界では、反対は出来ませんから、そのまま進んでいきます。

このことが、清美の耳に入ったのだそうです。清美は、私と仲良くしてくれる人に迷惑がかかるなんてとんでもない、そんなら、私の方から誰とも仲良くしないようにすると考

えて、自ら閉じてしまったというのです。ですから、美智子が言うこともその通りだろうなと思っていました。次に幸子に聞いてみました。

「幸子さんは聞いてなかったの？」

幸子は困ってしまい、真智の方を見ました。

「何の理由もなく、友達を無視しようとしたのか？」

「そんなんじゃないよ」

幸子は意を決してか反論してきました。根が正直なだけに、ためておくことは苦手なようです。

「私が聞いたところでは、清美さんが真智さんの悪口を言ったんだって。だから、私たちはそれはひどいということで、悪口を言ったんです」

真智は困った顔をしていたのですが、私は気付かぬ振りをして、さらに尋ねました。

「どんな悪口を言われたんだって？」

「それはね、ねえ……もうみんな言っちゃうよ」

幸子は続けました。

「真智がね、ノートに字を書いていたんだって。そしたら、先生が、上手だねって誉めてくれたんだって。そしたら、清美さんが、先生に誉められたからっていい気になっている、字なんか上手じゃないのにって言って大笑いしたんだって」

「ちょっとそれ、三日前のこと?」

「うーんと、そうだよ」

「じゃ、その清美と話していたっていうの、私のことじゃない」

美智子は大声で話し始めました。

「その時のこと、私、覚えているけど、そんな話しなかったよ。笑ったことは事実だけど、話した内容は全然違う話よ。私、命かけてもいいわ。本当に違う話なんだから」

美智子にここまで言われて、真智は困っていました。

「真智さんは、本当に聞いたの?」

「私、命かける」

「ちょっと待って、今は真智さんに聞いているんだから」

真智は、

「聞こえたような気がしたんだ」

自信なさそうに答えました。

「え、気がした？　聞いたんじゃなくて、聞こえたような気がしたの？」

「ええ」

「なあんだ、じゃあ、清美さんが悪口を言ったというのは、事実ではなかったんだ。それなら、無視する理由もなくなってしまうじゃないか」

「うん」

私は、それでもと思い、

「真智さんの近くにいた人で、清美さんが悪口を言ったのを聞いた人はいますか？」

全員が首を横に振りました。

ここで、私は真紀から聞いた話をしました。

「それでは、真智の誤解から始まったことだから、もう無視なんてするなよ。みんなは言葉を持っているんだから、言葉でお互いの気持ちを伝え合わなければだめだよ。無視という行動で、気持ちを伝えることは出来るのか。出来ないでしょう。だから、もう無視という方法で伝え合わないでほしい。いいね。それに、無視はいじめだからな」

## ❆感激の友だち再発見

放課後、昇降口で三人の女の子とばったり会いました。美智子は、

「先生、今日、私、感激しちゃったんだ」

「どんなことで?」

「だってさ、清美は自分と話す友達が無視されると困るからと、自分から誰とも話さなかったということでしょう。ということはさ、話していたのは私なんだから、私のために自分が無視されたということになるじゃない。私なら自分のことの方が大事だから、友達のためになんて出来ないわ」

利沙も、

「私も同じ。清美さんってすごい友だち思いの人なんだって、感激したわねって話していたのよ」

「そうか。じゃ、今日は清美さんの素晴らしいところを見つけられてよかったね。これからも、仲良くしてよ」

「はーい。さようなら」

三人は肩を寄せあって帰っていきました。

私は少々大げさな子どもたちだなと思いました。しかし、卒業のときにも、この発見を大事に話しているのを聞いて、本気だったんだと改めて子どもたちの純真さに感激していました。

### ❆声なき声がなぜ聞こえたか

最後に、真智のことですが、なぜ悪口が聞こえたような気がしたのかという問題です。真智は嘘を言っているわけではないと思います。事実、声なき声が聞こえたということだろうと思うのです。

では、声なき声の正体は何だったのでしょうか。私は考え続けました。しかし、これといって納得できるものは得られませんでした。それでも決着をつけたいと考え、次のように整理してみました。

真智は教師に誉められるということが、とっても嬉しかったのではないでしょうか。しかし、同時に、誉められない人はけなされているという構図を感じていたのだと思います。自分の心のなかに、誉められるということは認められること、同時に、誉められない人は無言の叱責というか、認められないという無言の圧力を感じていたのではないかということです。

ですから、誉められた瞬間に、きっと自分に対する嫉みが、誉められていい気になっているとか、字が上手でもないのにいい気になっているという悪口としてなされるであろうと考えてもおかしくはありません。

そう考えたとき、タイミングよく清美と美智子が笑いだしたので、やっぱり悪口を言われたと思い込んだのだと思うのです。

したがって、声なき声を聞き取った心理は、学校の評価が絶対であると感じ、学校の評価（能力主義）に呑《の》み込まれてしまった結果とも考えられます。

このことは、教師の視線、行動、言葉の一つひとつに同様の反応がなされていると考えてよいでしょう。

教師の目にすくんでいるのではなく、もっと自由にのびのびとした生活を取り戻す必要を改めて感じました。

幸いにも、無視事件はその後ぴたっと影をひそめ、きゃーきゃーとよくはしゃぎ回りながら仲良く卒業していきました。

# 11章　「いじめを考える会」への取り組み

子どもたちは世界で起こっている事件を子どもなりに受けとめ、関心を持って考えています。

いじめで自殺というショッキングな事件が起こり、子どもたちの会話の中にもたびたび登場しました。そのことを取り上げ、みんなで考えることにしました。

それがきっかけになって、親子討論会や全校の討論会にまで発展していきました。



### ❊いじめについて考える

五年生を担任している時に、愛知県の中学生、大河内清輝君が自殺をするという痛ましい事件が起きました。子どもたちにとってもショックでした。

そこで新聞記事のコピーを読み合わせしながら、みんなで考え合うことにしました。

新聞を読みながら、次の点について、自分なりに読み取り、意見を明らかにしよう、と項目を書いたプリントを渡しました。項目は次の七つでした。
①清輝君のことでわかること
例えば年齢とか、兄弟関係とか

②清輝君が実際に受けたいじめ
　殴られたとか
③自殺をしようと思ったのはなぜか
　新聞を読んだ範囲で、読み取れること
④清輝君の友達はどうしたか
　クラスの人を中心に読み取る
⑤両親はどうしたか
　両親、すなわち家族がどのようなかかわりをもっていたのか
⑥先生はどうしたか
　担任の先生や、他の先生たちの動きや考え
⑦もし自分が清輝君なら、どうしたらよかったのか
子どもたちは新聞記事と格闘しながら、以上の七項目についての自分なりの読み取りと考えを記入していきました。

「さて、読み取りは出来たようなので、書き抜いたものをもとにしての話し合いに移ろう」

と呼びかけ、話し合いに移りました。
①の清輝君のことでは次のようなことが出されました。
「清輝君は中学生だ」

「友達がいじめられたのをかばったのが原因だと書いてあったけど、ひどいね、こんなやさしい人をいじめるなんて。だから、清輝君はやさしい人なんだよ」

「自殺してまでも、友だちをかばっているのだから、すごい人だね」

次々に新しい清輝君を発見していきました。
⑦のどうするか、という問題に移ったときには、
「ぼくのお母さん、学校にやらないと言ってたよ」

と、いつのまにかお母さんまで登場していました。

「ぼくなら、はっきり相手に言うよ」

先日、友だちに助けられて嫌味を言われたことに抗議した池谷は言いました。

「私は、お母さんに言う。それから、いじめていた子どものお母さんにも言ってあげるわ」

小林裕子は、首をかしげながら言いました。

「みんなで清輝君を守ってあげることだよ」

「みんなが敵だ」といきまいていた森田が言いました。

なかなか発言しない子たちも、その後の作文の中で、

「ぼくもみんなで守るという意見に賛成です」

と書いていました。

まとめの感想を書いて、さらに、その感想をプリントにして読み合い、最後の感想をまとめて終わりにしました。

その後、安崎智恵は、次のような詩を書いてきました。

どうしていじめはなくならないのかなあ
次々にいじめが起こっている
私たちのクラスにもいじめはあるのかなあ
あったとしても
友だちに言うことはできる
そのあと、
みんなで話し合いができるクラスだ

いじめ問題を考えるとき、いじめをなくすことよりも、いじめが発生したときに、どのような行動ができるのかと考える方が、今日では必要なことだと感じました。安崎のように、友だちに言うことや、それをクラスで話し合うことができるということが、子どもたちの問題解決の見通しのなかに位置づけられていることが大事なことです。そしてそれは、日常のクラスの子どもたちの関係がどのようにつくられているかにかかっていると、子どもたちと一緒に考えながらつくづくと感じさせられました。

### ❄児童会の取り組みにしたい

この子たちが六年生になりますと、南太平洋でのフランスの核実験が始まりました。核実験についても学習をかさねました。世界的な核実験反対の運動が起こる中で、子どもたちも自分たちにできることはやりたいと考え、フランスの大統領に手紙を書いて、反対の気持ちを伝えようということになりました。さらに、子どもたちの取り組みは、代表が手紙をフランス大使館まで届けに行こうというところにまで発展していきました。

子どもたちは、

「全校でも核実験反対のことについて話し合いたい」

と言ってきました。しかし、学校の周年行事等の関係で時間が三学期にしかとれないことがわかってきました。

そこで三学期を待っているうちに、子どもたちの気持ちにも変化が出てきました。折しも新潟で伊藤君がいじめで自殺という事件が起こり、それをきっかけに、いじめ問題をテーマにした方が全校の子どもたちの気持ちに沿うのではないかというように思えてきたのでした。

児童会の役員でもある戸部、秋葉、優子の三人は「いじめを考える会」を開くことを相談していました。私は尋ねてみました。

「やるのはいいけど、なぜやりたいの?」

「いじめが、ぼくたちのクラスに出てきたら困るし……」

はっきりしません。どうも、気持ちが先になっているような感じでした。私は、それでよいと考え、むしろはっきりした言葉にできるようにと思い、質問を重ねて、彼らの思いを言葉に固めさせていきました。

出来上がった原案には、

「いじめは大人の見えていないところで起こっている。だから、子どもが取り組むことが必要である」

「子どもの問題であり、児童会としても取り組むことが大事だ」

というような主張を述べていました。

ここからは、教師の仕事だと思いました。何よりも、先生方の同意を得なければ進みません。特に、年間計画にない児童会の企画ですから大変です。私は子どもの原案を次のように書き改め、職員会議での検討をお願いしました。

## いじめについて考える会

提案：児童会役員会

児童会では「いじめについて考える会」を役員会主催でやりたいと思います。会ですることは、いじめについてどう思うか、など話し合います。

やる理由
1．なぜ子どもがやるのか
いじめは大人の目につかない所で起こりやすいし、大河内君の場合も、先生たち大人が知らなかった。
2．なぜやるのか
また、新潟でいじめが原因で自殺した子がいる。全国のどこの学校でも起こる可能性がある。滝山小で起きないようにしたいから。
3．なぜ、児童会でやるのか
児童の代表として、いじめのことを考えていきたいから。
4．やってどうなるのか
みんなのいじめに対する思いや考えを話し合うことによって、いじめについて考え合えるから。滝山小にいじめが起こらないようにするために役立つと思うから。

やる日
・2月16日（金）放課後

・図書室で
・参加は自由参加

職員会議では、

「子どもたちが話し合うことはいいが、そこでどんな話になるかわからない。もし、いじめられたなどという事実が語られ始めたら、逆に名前が出た子が困った立場に立たされるようなことにもなりかねない」

「子どもたちの提案はタイムリーでもあり、内容的にもぜひやらせてあげたい」

二つの意見が大勢をしめました。最後は、校長先生の、

「それでは各クラスで話し合いを持ち、それを代表が発表するというような形式にしたらどうだろうか」

という意見でまとまりました。


子どもたちに話すと、子どもたちの案にクラス討論が付け加わった形になったので、大喜びをしていました。というのも、突然の企画ですから、自由参加がせいぜいのところだ

と、私の方で説得した部分もあったからです。そして、

「話し合いの司会は、先生がやってあげる」

と言うと、

「だめだよ」

「自分たちで、ぜひやりたい」

と、逆に大いに張り切ってしまいました。


折しも、平和集会がもたれる日程と近くなってきたために、先生方の平和集会の担当の話し合いがもたれました。


例年ですと、第一部が子どもたちの合唱や研究発表など子どもたちの手による集会で、第二部として、高学年向けに、被爆者の話を聞くなどの企画が立てられていました。今年度の第二部をどうするかという時に、

「『いじめを考える会』を第二部として位置づけることはどうだろうか」

という意見が出されました。長く続いていることで、誰に講演を頼んだらよいのか悩みもあったところだったので、内容的にもちょうどよいということになりました。

こんな経過の中で、子どもたちの有志で放課後に、という企画が、クラス討論つきになり、さらに、正規の時間内に行なうことができる、というように発展してきました。

この段階で、もともとこれは児童会企画なので、代表委員会に原案を提案し、子どもサイドの取り組みとして位置づけていきました。

### ❄クラスでの親子討論会

六年生では、これをさらに発展させようと、クラス討論を「親子討論会」として実施しようということになりました。

親子討論会に向けて、二つの準備をしました。一つは、次のような五つの課題を設定し、一人ひとりの考えを整理することでした。

①いじめとは何か
②いじめはなぜ起こるのか（なぜいじめるのか）
③いじめられたらどうしたらよいか
④いじめを見たり聞いたりしたら、どうしたらよいか
⑤いじめを起こさないためにどうしたらよいか

もう一つは、学級での討論会の練習ということで、子どもたちだけの討論会を一度経験し、そのあと親子討論会に臨むということでした。

親子討論会は、親の方が押され気味になるくらい子どもたちは頑張りました。参加した親も本気になって話し始めました。特に、

「いじめを見たときに知らせると、チクったとかで、逆にいじめられるかもしれない」

という山田の意見に対してでした。

「だからこそ、勇気を出してほしい。親も先生もみんな仲間なんだから、信じてほしい」

「親に話すと心配すると考えるかもしれないけど、親はいつでも話してほしいと願っているし、自分の子どもの味方に必ずなるんだから話してほしい」

親たちは切々と訴えました。これには子どもたちも黙ってうなずいていました。

いじめの原因に対しては、ストレスを発散するというのが大勢をしめ、いじめは弱い個人や孤立している個人がターゲットにされるという子どもたちの発言にハッとさせられました。その指摘の中に、それなら、孤立した個人をつくらないことがいじめを出さない一

番の方法であるという結論が自然に導かれているからです。

お母さん方は、

「子どもたちがすごいのでびっくりした」

「子どももよく考えているので感心した」

と、口をそろえて感激していました。

## ❄作文「いじめについて考える」

ここまで進めてから、いじめに対する自分の意見文を書くという課題に向かいました。国語の教科でも論説文を学び、さらに自分の主張や意見をはっきりと書き表わす作文の勉強も並行して進めてきましたので、比較的スムーズに進められたように思います。

作文が完成するのを待ちながら、誰が自分の作文をもとにして意見を言うパネリストになるかを決める段になりました。

「誰のが一番いいか分からないから、先生決めてよ」

という意見もありましたが、

「誰が出ても恥ずかしくないりっぱなものばかりだったよ。だから、できれば立候補で決めてほしい」

と話すと、女子は、女子会議をしたいと提案、女子だけで話し合いを持ち、裕子と智恵の二人を選出しました。

男子は、平和集会の担当者でもあり、今回の司会を務める戸部と秋葉が声をかけて、水戸と池谷の二人が決意し選出されました。

ここで、小林裕子の作文を紹介しておきましょう。

## いじめとは何か

小林 裕子

いじめとは、お金を要求したり、物を買ってこさせたり万引きをさせることで、これは命令（おどし）をして、いじめられている人を使ったりすることです。

他に、暴力をふるったり、靴を隠したり、ノート等に落書したり、物を壊すなど、数人でいやがることをしたりすることです。

もう一つは、集団でいじめたりすることです。例えば、言葉でいじめたり集団で無視したりすることで、こういういじめは、ほとんど一人を対象としていじめています。特に静かな人やひとりぼっち（友だちがいない）の人がいじめられるタイプだと思います。

いじめの原因は何なのでしょうか。例えば、友だちがいじめられているのを見て、止めたらいじめられたとか、その人と喧嘩があったからなどです。いじめの原因はこういうことで起きるんじゃないかと思います。

その他にも八つ当たりをしたり、自分の言うことを聞かなかったり、自分の思い通りにいかない、気にくわない行動をとる等でいじめる場合もあります。例えば、物を見せびらかしたり、にらんでないのににらんだと勘違いされたりというのもいじめの原因になると思います。

もし、自分がいじめられたら、まず、両親に相談します。もしくは、先生や友だちに相談します。その他にも相談室に行ったり、相談室に電話をします。最悪の場合は、引っ越ししたり、他の学校に転校するしかないと思います。

もし、自分に力があるなら、抵抗した方がいいと思います。

先生に相談できない、信用できないという人もいると思います。だけど前に親と

話し合ったとき、親は、

「もしいじめられているのなら、内緒にしないで話してほしい」

「親として協力したい」

と言っていました。私も、親や他の人には心配させたくないけれど、死んでしまったらおしまいです。いじめを苦に死んでいった人々の友だちは、

「相談してほしかった」

「相談してくれれば協力できた」

と言っていました。だから、一人で解決しようとしないで、勇気を持って話すことが大切だと思います。


もし、いじめを見たり聞いたりしたらどうしたらよいでしょうか。いじめられている人の両親に伝えたり、先生や友だちに伝えます。できれば、いじめをやめさせます。少なくとも内緒にしないで（チクったとか言われても）誰かに言うことが大切です。

この世の中からいじめをなくすためにはどうしたらよいでしょうか。私は、クラ

スや学年、全校で話し合い、いじめのことについて真剣に考えた方がいいと思います。

この頃、いじめによる自殺者が急増しています。新潟では伊藤準君、愛知では大河内清輝君、福岡では大沢秀猛君、東京では鹿川裕史君、千葉では鈴木照美さん。私が調べただけでも、全国で自殺している人は男女それぞれ五人いました。合計で十人もの人が、首をつったり電車に飛び込んだりして自殺しています。自殺をした伊藤君は無視されたり、お金を要求されたりしていました。

神戸市須磨区の踏み切りで飛び込み自殺をした女子高生は、英語のノートに落書をされたりしていました。そういういじめによって、愛媛県の女生徒は十二月十八日以降は終業式、三学期は五日間しか学校に出席せず、

「学校へ行きたくない」

というメモを残し、自殺してしまいました。他にもまだまだありました。

私は、全国のいじめの件数などを調べました。五万六、七千件もありました。ひやかしやからかい、暴力、言葉での脅しなどですが、転校した人は二百五十人以上で、登校拒否をしている人も七万七千人とたくさんの人がいじめを受けていました。

もう、そんなことがないように、二度と起こらないように、みんなが周りの人のことを考えて平和な国にできるように努力したいです。誰もいじめを受けることを望んではいません。いじめをすることも望んではいません。すべての人が平和で、幸せな人生を送りたいと思うのは当たり前のことであり、そうならなくてはなりません。相手の心の痛みを思いやり、自分でされていやなことは、相手にもしてはいけないと思います。命を大切にして、明日はきっといいことがあると信じて生きていってほしいです。すべての人間に、生きる権利があるのです。

## ❄「いじめを考える会」本番

五、六年生六人が作文を読み、意見発表をしました。それを受けて、十二人の子どもたちのパネリストによる話し合いに入りました。

一時間という制限時間なので、次の二つの課題にしぼって話し合うことにしました。

①いじめはなぜ起こるのか

②いじめはどうしたらなくせるか

まず①については、やはりストレスが大きく、それを発散させるためにいじめを行なっているというのが子どもたちの意見でした。ではそのストレスとは何かと突っ込むと、勉強のストレスと対人関係のストレスが大きく挙げられました。パネリストに対して、会場から六年の西が発言しました。

「最近、テレビドラマの金八先生にあったように、家庭の中で離婚とかでもめているという家族のストレスもあるんではないですか」

会場からの発言に拍手が起こりました。それにしても、子どもたちはストレスという言葉を何の注釈もなく受け入れるほどに共感する生活をしているのであろうかと、私の方が考えてしまいました。

②では、両親に話す。先生に話す。友達に話す。教育相談に話す。とにかく話をしていくことが何よりも重要なことであり、そのことにより、知恵と力がわいてくるという考えが共有されました。

とはいえ、それが実行される段になると厳しい現実があるのではないかと感じています。話し合いは、難しかったけれど、それでも一生懸命に考えて発言していました。一部、教師が司会を手伝う場面もありましたが、司会者が必死の顔で意見をまとめ、会を進行していたことが好評でありました。

会の終了後、私は子どもたちに感想を書いてもらいました。司会をかって出た一人の秋葉は、

「これまでの司会とは違って意見として出たことをまとめて進めて行かなければならないので、とても大変でした。代表者の人たちも、まわりの人たちも声を出してくれたのでよかったです」

と書いていました。また、初めて大役をやった水戸は、

「今日のいじめの話し合いは大成功だと思った。前に出たら恥ずかしかった。でも、楽しかった。自分では、六年間のうち一番頑張ったと思った。これは思い出に残ると思う」

と感想を寄せ、時事問題に関心の高い国木田は、

「いじめについて考える会をする学校は、いじめは起きないと思う」

と、会そのものを評価していました。

「今の四、五年生、つまりこれからの五、六年生がいじめについて考えを持ってくれたはず。滝山小がいい学校になるのは四、五年生のこれからの行動で決まる。だから、やってよかった」

今回の企画の中心にいた戸部は、自分が卒業してからの学校づくりまで考えての感想を寄せていました。

# 12章　「自立」を考える三つの視点

自立とはなにかと考えたとき、

「自分の頭で考え自分で判断できること」

「自分で何でもできること」

などといろいろな定義が考えられます。しかし、今の子どもの実態から考えて、何をこそ自立のために育てなければならないかという視点から、自立について検討してみたいと思います。

私は次の三つの視点を提起したいと考えております。

第一は、自分の身体で世界をつかむことができ、それを主張することができること。

第二は、人を頼りにしたり頼りにされたりする関係を結ぶことが出来ること。

第三には、人権感覚を身につけることです。

次に、この三つについて詳しく見ていきたいと思います。

### ❄自分の身体で世界をつかむ

第一に、自分の身体で世界をつかむということについてです。これは、次のような出来事があったことから考えたことでした。

一年生を担任して、子どもたちと中庭を散歩していました。吉成が、

「先生、金魚はどうして水の中にいるの?」

という質問をしたのです。私は、うん、実はえらという物があって……と説明したいところを我慢して、明日、子どもたち全員を相手に、

「金魚はなぜ水の中にいるのか」

という授業として組み立てようと考えました。

　翌日、私は十分な準備をして授業に臨みました。

「吉成君が、昨日、金魚を見て、なぜ金魚は水の中にいるのだろうかと質問しました。みなさんはどう考えますか」

　子どもたちは元気に手を挙げました。

「美帆子さん」

「私ね、ほら、こういうのがあるでしょう」

　泳ぐまねをします。

「ひれのことかな」

「うんそうそう、ひれがあるからじゃないかなーと思います」

「なるほど。そうかもしれませんね」

まだ他に出てくるだろうと、私は余裕をもっていました。次に佐藤が手を挙げました。運動大好きな元気者です。

「ぼくはね、泳ぐのが上手だからだと思います」

「ぼくも同じだな」

次々に同じ答えが出てきて、私はびっくりするやらがっかりするやらで、早々と授業を終わりにしました。

とにかく、子どもたちの考えは、自分が水の中にいたとしたらどうなのかという域を出ないのです。そこで、私のこの授業は大失敗に終わりました。同時に、新しい概念を獲得するというのは、自分の経験を基本にしてそれらの総合として新しい概念が獲得できるのだと考えるようになりました。

ですから、今回の授業で言えば、水の中に住んでいるものは金魚以外にどんなものがいるかなと、実際に池の中に入ったり川に遊びに行ったり、海で遊んだりという経験を通して、多くの水の中の生物に接する必要がありました。そして、経験的に身体を通して知ることを通して新たな概念を獲得できるのではないかと思ったのです。

## ❄真実の判断を他人に預ける子どもたち

二つ目の事例です。三年生の授業で東京都の地図を子どもたちに渡したときのことでした。

「練馬区がある」

「東久留米市もある」

子どもたちは元気に話し始めました。ひとしきり話したところで、

「では区はいくつあるかな」

と問いかけました。子どもたちは一瞬シーンとして数えだしました。教師としては気分の良い一瞬です。

「分かった、十八だ」

佐久間が言いました。お、数え間違えたな、いいぞ、本当は二十三区あるのだから、この間違いからおもしろい授業になりそうだ。そう考えていると、

「本当だ、十八だ」

「ぼくも十八」

「私も十八」

「ええええ、ちょっと待ってよ。いままでの三年生は、よく数え間違っていろいろな数を言ったんだけど、数え間違ったり他の意見などはないのですか」

「ありませーん」

「十八でーす」

私は、子どもたちの顔を見渡しました。みんないい顔をしています。

「そうか、みんなよくできたね。このクラスすごいよ、一人も数え間違いがいないなんて、先生は初めてだよ。みんな、これで休み時間にしましょう」

「わーい」

子どもたちは大喜びで校庭に飛び出していきました。

私は、一人ずつつかまえて、

「ねえ、さっきの区のことだけど、どうしたの、本当のこと教えて」

と語りかけました。

「数えたら十八だったよ」

と言い張る子もいましたが、

「だってね、佐久間君が十八って言ったでしょう。だから十八かと思ったの」

「なぜ」

「だって、佐久間君は頭がいいんだもん」

他の子は、

「佐久間君が言ったら、大体合ってるでしょう、それに数えるの面倒になったの」

総合してみると、佐久間という頭の良い子が十八と言えば、それが正解なので数える必要がない、ましてや数えるなんて面倒な作業はしないほうがよいということでした。

ことによると、別の数を数えていた子がいたかも知れません。そういう子は自分の数えた数字を間違いとして否定してしまい、真実は十八だと修正してしまったのではないだろうかと思いました。

私が、前に受け持った子どもたちの中には、間違っていても自分が数えた数字を言い張って何度も数え、やがて間違いなく数える方法として「チェックしながら数える」という技術を学んだりした子がいたものです。こうして、自分の身体でつかんだものが真実だということを刻み込んでいったのでした。

もう一つ、これは五年生の例ですが、国語でした。問題の答えをノートに書いてから答えを言わせたときです。机間巡視で田中の答えがいいなあとつかんでいました。

「では、答えを発表してもらいましょう」

子どもたちは一斉に手を挙げました。田中も手を挙げています。私は他の子の意見を出させてから、田中を指名しようと考えていました。そこで増永を先にしました。ところが、増永が答えを言い終わるか終わらないかのうちに、田中は消しゴムで自分の答えを消し始めたのです。私は楽しみにしていた意見だったので、

「田中君、どうしたの。どうして消しているんですか」

「え、あの、間違っていたからです」

私はがっかりして、

「そうですか」

と、引き下がりました。

どうして、間違いだと決めてしまったのだろうか、どうして……。

私はこうしたいくつかの事態に巡り合ってから、子どもたちの学ぶ身体が出来ていない、

学ぶことでの自立が出来ていないと感じてきました。それを言葉で整理すると、次のようになります。

――自分の耳で聞いたから真実だ、自分の目で見たんだから真実だ、自分の身体でつかんだものが真実だ、と考え、それを主張出来ることが、自立の第一歩ではないか。

### ❄人に頼り、頼られる関係を結ぶ

第二は、頼りにしたり頼りにされたりすることが出来る関係を結ぶことができるということです。これにも次のような子どもとの出会いがありました。

五年生を担任することになりました。大竹という男の子で、多動な子がいました。彼は一年生の時から落ち着かず学校中を走り回っている子でした。五年生で私が受け持つ頃にはすっかり〝有名人〟になっていました。

私が受け持っても少しも変わらず、相変わらず自由奔放な生活をしていました。

何日かたって、私も少しはこの子に勉強させようと思いました。そこで、

「今日は勉強させるよ。覚悟しな。では、黒板に書いたものを写しなさい」

と五行ほどのまとめを書かせようとしました。

「そんなの書いてどうするのさ。なあんにも役に立たないよ」

それもそうだ、と思いながらも、

「でもこれも勉強のうち、とにかく書いてから、文句を言おう」

「そんなこと言ったって、無駄なことは出来ないよ」

「無駄ではないよ。大事なまとめだよ」

「ぼくはそういうの嫌いだな。大体、やる気しないよ」

次から次へとよく言葉が出てくるものだと感心しながら、私はだんだん腹が立ってきました。

「とにかく書きなさい」

「やだよ」

「なに言ってんの。とにかくノートを出しなさい」

「ノートなんてないよ」

「嘘ばっかり言うんじゃないの」

「本当だよ」

「じゃ、見せてごらん」

本当にノートはありませんでした。

「仕方がない、先生が紙をあげるから、それに書きなさい」

紙をやると、今度は鉛筆がない。それも渡すと、やっと書き出しました。

しばらくすると、

「ああ、馬鹿らしい、もうやーめた」

と放り出しました。

「何、言ってるの、書き終わらなくては、今日は駄目だよ」

「だめでも、もう馬鹿らしいからやめたよ」

私は、本当に腹が立ってきました。そして、ふと彼が書いた紙を見てみると、一度間違って、鉛筆でぐちゃぐちゃにし、二度目のぐちゃぐちゃで終わっているではありませんか。

私は、何だ、偉そうなことを言ってるけど、消しゴムがなくて消せないからそう言っているだけではないかと感じました。

「はい、ごたごた言っていないで、消しゴムを貸してあげるから続けなさい」

と消しゴムを差し出すと、再び作業に入ったのです。そして、どうにか書き終えたのでした。

作業したくてもノートがない、というとき、

「先生、ノート忘れたから紙ちょうだい」

と言えたら、作業は続けられたのに、その一言が出てこないために、逃げ出していたのではないでしょうか。見つかってつかまると、今度はさまざまに理屈を言ってやらなくていいようにと全知識を振りしぼって対応していたのではないでしょうか。そんな感想を持ちました。

### ❄〝仮の姿〟の下に隠されていたもの

それからしばらくたってからのことです。私は職員室で一息入れていました。図工の時間だったからです。

ところが、図工の先生が職員室に来て、

「宮崎さん、大竹が駄目だ。眠いって言って動かないんだよ。これから商店街の写生に出かけようとしているんだけど」

「分かりました。面倒をみます」

迎えに向かうと、図工の堀越先生にしがみついてやっとのことで起きているという様子で大竹がやってきました。

「おやおや、これでは勉強は無理だな」

と大竹を受け取りました。私は、余りに一生懸命に演技しているのでかわいそうになってしまいました。そんなにしなくても助けてあげるよ、と心の中で言いました。

「では、まず、眠気を冷まそう。水道で顔を洗いなさい」

大竹は素直に洗いました。

「先生、タオル」

「タオルなんてないよ。そこに雑巾があるから拭いておきな」

「やだ。汚いよ」

「先生のハンカチも汚くなるから、貸すの、やだな」

冗談を言いながら、ハンカチを貸してやりました。

「おまえ、鉛筆もってるか。持ってないだろう」

「うん」

「じゃ、鉛筆貸してやるからな」

「うん」

「それから、画用紙は？」

「ない」

「そうだろう。それは図工室で画板と一緒に準備してあげる。消しゴムは？」

「ない」

「やっぱりな。でも、消しゴムは食べちゃうから貸してあげるのいやだな。絶対かじらないというんなら貸してあげるけど」

「うん、かじらないよ」

すっかり身仕度が整うと、眠たいのもどこかへ行ったようでした。

「さあ、みんなが写生しているところへ行っておいで、一人で行けるかい」

「行けない」

「仕方ない。先生が送ってあげよう」

商店街に着くと、堀越先生が、

「お、大竹、来たか」

と声をかけてくれました。子どもたちも、

「大竹君、来たね」

と話しかけてくれたので、いい気持ちになりました。


その後、私は職員室で待っていました。堀越先生が、

「やった、大竹が初めて絵を描いたよ」

大喜びで駆け込んできました。

「ほら、ここの木の丸い感じなんかさあ、うまいもんだよ。大竹が描くなんて、まったく信じられないよな」

事務室にまで持っていって見せていました。堀越先生もいい先生だなあ、大竹のことでこんなに喜んでくれるなんて、と私も感激しました。

そこで、この間の大竹の話をし、とにかく困っているのに、困った、助けて、と言えないので、助けの手を差しのべてほしいという話をしました。

堀越先生がつぶやいていました。

「次は色付けをさせたいんだな。やるかなあ。大竹には何を貸したらやる気になるかなあ。絵の具か……」

翌週の図工の時間、堀越先生は、

「これな、先生の特別の色鉛筆なんだ。良い鉛筆なんだ。これを大竹に貸してあげたいんだけど、これで色つけしてみるか?」

と誘いかけました。大竹は、喜んで、

「うん、貸して。ぼく、色つけしたいな」

と、商店街に出かけました。

「ぼく、これ気にくわないから、もう一枚描くから、画用紙ちょうだい」

と言ったそうです。

「これでもいいよ」

「でも、ぼくいやなんだ」

「じゃ、あげるよ」

大竹は新しい紙にさっさと下書きすると、堀越先生のとっておきの色鉛筆で色付けを始めたのでした。

「大竹が色を付けたよ」

堀越先生の大喜びの声が職員室に響き渡りました。だれもが知っている大竹からは考えられないことでしたので、みんな、

「すごいね。大竹君頑張ってるね」

と誉めてくれました。


聞いている私も嬉しくなりました。同時に、大竹が長い間なかなか先生や友達を頼りにすることが出来ず、そんな自分をかばうために眠くなったり、くだらないと反論したりしてきたことを思うと、辛い気持ちになりました。

自立するということは、現在の世の中では人を頼りにしたり、頼りにされたりする関係を結べることが何より大事なちからとなるのではないかと感じたのです。大人でも、隣り近所に、

「子どもをちょっと預かってくれない?」

と、頼りにしたり、頼りにされたりする関係を結べている人の方が、そういう人が居なくて自分の家族だけでどうにかしようと考えている人に比べて、豊かに大らかに生きていて、

地域に生きているという感じを受けます。

大人の場合からも、自立している姿というのは、何でも自分で出来、何でも自分でやり切ることではなく、頼りにし、頼りにされる関係を結べることの方が自立している人の姿だといってもいいのではないかと考えるようになったのです。

## ❆人権感覚を身につける

第三の人権感覚を身につけるということについて検討してみたいと思います。

六年生の、荒れ狂うクラスを担任した時でした。鈴木という子がちからを持っていました。彼は音楽が終わると、そのまま校庭に遊びに出ました。川上が自分のリコーダーや音楽の教科書などといっしょに、鈴木の物も教室まで運んでいました。私はこの事実を見せ、クラスの問題として考えさせたいと思いました。

ある日、音楽の時間が終わったときのことです。音楽の教科書などを置きにきた川上に、

「川上君、いやじゃないの?」

と話しかけました。彼は、一瞬立ち止まりましたが、

「ううん。ぼくは別に」

と、校庭に走っていってしまいました。一緒に聞いていた女の子がぽつりと言いました。

「別にいやじゃないんだ」

「え、そう感じた?」

「だって、別にって言ったじゃない」

「うん、確かにそう言ったけど……あなたはそう感じたの?」

「感じたもなにもないよ。本人がそう言うんだもん」

確かにそう言ったのですが、私には割り切れないものが残りました。女の子の感じ方について納得できなかったのです。そこで、聞いてみました。

「もし、あなただったらどうする?」

「私だったら、もちろん断るわ」

「そうだよね。それでも、断りきれなかったら?」

「そんなの、いやよ」

「そうでしょう」

「そうか、川上君もいやだったかもしれないね」

「そうでしょう」

「じゃ、なぜ、別に、なんて言ったのかしら」

「そこだよ、もしあなたならどんな場合を考える?」

しばらく考えていましたが、

「うん、きっと鈴木君のことが恐かったんじゃないかな」

「そうだよ。それにもう一つ。先生やあなたたちに本当のことを話すほど信頼していなかったのかもしれないよ」

「そうか、川上君いやだったんだ。でも、仕方なく我慢していたんだね」

「きっとそうだと、先生も思うよ」

「ううん……」

私はここまで話してきて、何だかほっとしました。やっぱり分かるんだ。理解できるんだという思いに確信を持てたからでした。

子どもが自己主張することは権利だという理解は簡単に出来るのですが、相手にも人権があるという思いを自分のなかに抱くためには、「もし、自分なら」と自分を通して相手を見るという内的な作業を通して可能になると感じています。

もちろん、この先には「自分が感じる通りに相手も感じる」というひとりよがりなものが出てくるかも知れませんが、それでも、自分なら、と考えるところから出発する、すなわち自分の実感を通して見ていくことが、何よりも大事にされなくてはならないと考えています。

そして、自分の感じ方と違う人に出会うことにより、改めて他人を意識し、大事にすることが出来るのではないかと考えるのです。

ここで、自分の人権と相手の人権との衝突が具体的に起こり、衝突をお互いの納得するところで折り合うという体験を通して、実感的に人権を身につけていくことが出来るし、人と連帯すること、協同や自治に参加することが出来るのではないでしょうか。

このように、私は三つの視点をもって子どもの自立を見、そして実践してきました。今日の子どもたちがさまざまの要因で自信をなくし、孤立化の道を歩んでいること、そして、人間的な誇りまでなくしかけているとき、以上の三つの視点で自立を励ますことが必要であると考えているのです。

# あとがき

　子どもと話していると、子どもが生活している子ども社会や子どもの家庭生活が見えてきます。さらに、その家庭が置かれている社会の現実も否応なしに飛び込んできます。

　ある時、斎藤隆介の「モチモチの木」という作品を勉強していたとき、終わってから、

「私もお母さんがいないの、だから悲しくなっちゃった」

と言われたときには、なんと言ってあげたらいいのだろうか、と悩みました。

　また、あるとき、お母さんは子どもを大事に大事に育てているんだよと話したさいに、

「うそだ！　そんなら、どうしてぼくをハンガーで叩いたり、布団に寝かせないなんて言うんだ」

　悔しくて泣きながらくってかかる子どもに、言葉を無くしました。

「教師は世間知らずだ」などという声が耳に入ってきますが、とんでもありません。社会的な弱者である子どもの悲しみや悔しさを通して、しっかりとつかんでいると私は思います。

そして、親と話していると、日常的な普通のことを普通に行えることが平和なことであり、どんなに大事なことであるかを思い知らされます。同時に、子どもや教育への熱い思いが伝わってきて、教師として励まされることがたくさんありました。

また、毎日の仕事ですが、うまくいかなくて悩むこと、失敗して落ち込むこともありました。そんなとき、愚痴を聞いてくれる同僚に励まされてきました。元気を回復するとともに、次は恩返しをしなくちゃという思いでいっぱいになったことを思い出します。

実践の中心になる考え方や実践の方向については、全生研（全国生活指導研究協議会）の常任委員の方々やサークルの仲間、職場の仲間といっしょに学習してきたことが大きいと思います。

先日、転勤して「学級崩壊」と言われるほどの大変な子どもたちと悪戦苦闘をしている先生から、「いやになっている私をこぶしの会（サークル名）が支えてくれているんです」という手紙をいただきましたが、「お互いさま」だなとつくづく感じました。

考えてみると、実にたくさんの方々に励まされて私の実践もすすめてこれたんだと改めて思います。そして私は五十歳になりました。半世紀生きてきた節目の時にこの実践をまとめることができて、たいへん嬉しく思っています。私の家族も「すばらしい誕生日になったね」と喜んでくれています。家族ともども皆様に深く感謝申し上げます。

最後になりましたが、この実践をまとめるにあたっては、竹内常一先生に原稿を読んでいただき、助言や励ましをいただきました。また、出版を引き受けていただいた高文研の梅田正己さんや金子さとみさんには、全生研書記局長の仕事の忙しさで途中でくじけそうになったとき励ましていただいたり、本の全体構成について相談にのっていただくなど、本当にお世話になりました。心から感謝申し上げます。

二〇〇〇年一月一日

宮崎　久雄

宮崎 久雄（みやざき・ひさお）

1949年、群馬県に生まれる。千葉大学を卒業後、東京都江東区で小学校教諭となる。その後、東京都保谷市、東久留米市の小学校をへて、2000年現在、東久留米市立第二小学校に勤務。

この間、東京都教組保谷地区教で書記長、東久留米地区教での議長をへて現在、その教文部長と、東久留米市の「子ども議会実行委員会」事務局長をつとめる。

現在、全国生活指導研究協議会書記局長。

共著書『父母とのすれちがいをどうするか』（高文研）『荒れる小学生をどうするか』『立ちつくしている教師におくる10章』（大月書店）など

子どものトラブルをどう解きほぐすか

●二〇〇〇年 三 月一〇日――第一刷発行

著　者／宮崎久雄
発行所／株式会社 高文研
東京都千代田区猿楽町二―一―八
三恵ビル（〒一〇一＝〇〇六四）
電話　03＝3295＝3415
振替　00160＝6＝18956
http://www.koubunken.co.jp
印刷・製本／三省堂印刷株式会社


ISBN4-87498-234-4 C0037